監修者――五味文彦／佐藤信／高埜利彦／宮地正人／吉田伸之

［カバー表写真］
東萊府殉節図

［カバー裏写真］
肥前名護屋城図屏風（部分）

［扉写真］
朝鮮出兵図屏風
（蔚山城籠城部分）

日本史リブレット 34

秀吉の朝鮮侵略

Kitajima Manji
北島 万次

目次

はじめに

一九一〇(明治四十三)年八月、韓国併合の夜、韓国統監寺内正毅《まさたけ》は「小早川・加藤・小西が世にあらば、今宵の月をいかに見るらむ」と詠んだ。寺内はかつて豊臣秀吉が未完に終わった「偉業」を今ここに達成したとみたのである。これより約三世紀前の秀吉の朝鮮侵略は、日本帝国主義の朝鮮植民地化というあらたな事態によって、歴史の「遺産」としての息をふきかえしたのである。この秀吉の朝鮮侵略について、第二次大戦前の歴史教科書には「太閤秀吉の朝鮮征伐」とあり、私たちはそのようなものとして認識していた。一方、朝鮮民族の間では、秀吉の朝鮮侵略について、「壬辰《じんしん》の悪夢」として語り伝えられていた。

それではこの侵略戦争の経緯と問題点についてふれておこう。

①——関白秀吉、海外制覇の野望を抱く

秀吉の海外制覇の芽生えと九州平定

一五八五(天正十三)年七月、関白となった秀吉は、同年九月、子飼いの部将加藤光泰《みつやす》(作内)を譴責《けんせき》した。その原因は、美濃大垣にある七〇〇〇石の蔵入地代官として光泰を任命し、二万貫の知行地を与えていたが、光泰は多くの家臣を抱えすぎ、自分の家臣への知行を秀吉の蔵入地からも捻出したいといったことにある。秀吉は二〇石程度の侍であった光泰を五〇〇石、さらに一〇〇〇石と、戦功のあるたびに加増し、今は要衝の地である大垣の代官にまでとり立てた。それにもかかわらず、さしでがましいことであると譴責し、「作内(光泰)ためには、秀吉、日本国は申すに及ばず、唐国(中国)まで仰せ付けらる(征服する)心に候歟《か》」という。ここに家臣団の知行加増をもとめる動きを、海外制覇によって解決しようとする秀吉の構想がみられる。

八七年五月、秀吉は島津氏を降して九州をおさえた。この時、秀吉は北政所《おねね》に、壱岐も対馬も従い、ついで朝鮮国王に日本の内裏《だいり》へ参洛するよう申しつけ

●—豊臣秀吉木像

るが、もし参洛しなければ、来年成敗するといい、さらに自分の生きているうちに明国を手に入れるのだと、その抱負を告げている。ここに秀吉の東アジア征服構想は具体性をおびてきたのである。

東アジア征服の夢

秀吉が東アジア世界に君臨する野望を抱いた背景には東アジア世界の変動があった。十五世紀後半、ヨーロッパを起点とした大航海時代の余波が、約一世紀かけて東アジアにおとずれたのである。

この頃の東アジアは明帝国を中心とする中華体制の世界であり、宗主国《そうしゅ》である明に周辺諸国の王が朝貢することによって国際関係の秩序が保たれている世界であった。

この体制を維持するため、明は一般の中国人が海上に出て外国人と接触することを禁ずる海禁体制をとっていた。しかし、この海禁体制の網の目をくぐって密貿易にたずさわる倭寇《わこう》の活躍があり、その密貿易ルートをつうじて、ポルトガルなどのヨーロッパ勢力は東アジアの通交関係の中に割り込んできたので

●—南蛮屏風

●—倭寇の図

あった。このように、東アジア世界の内側からは倭寇、外からはヨーロッパ、この双方の勢力によって、明帝国を中心とする中華体制は崩壊のきざしをみせた。豊臣秀吉が明を征服して東アジアの世界に君臨する野望を抱いたのはこのような時期だったのである。

対馬宗氏への朝鮮服属交渉命令

九州平定のあと、秀吉は対馬の宗《そう》氏にこれまで支配してきた対馬一国の領知を安堵《あんど》するとともに、その前提条件として、朝鮮国王を服属させるよう指示した。これに対し、宗氏は朝鮮からの貢物《みつぎもの》か人質を出させて事をすませようとしたが、秀吉はあくまで朝鮮国王を日本の内裏に参洛させることを要求した。一五八七(天正十五)年六月、宗氏は、朝鮮国王を必ず参洛させるから、しばらくの猶予をいただきたいと願った。秀吉はそれを認めたものの、これ以上遅れたら朝鮮を成敗すると通告した。

このように、宗氏が秀吉の厳命をただちに遂行しなかった背景には、対馬は朝鮮との交易関係によって、その生計を保っていたという事情があった。ところが秀吉は朝鮮は対馬に従属しているものとみなしていた。秀吉が宗氏に朝鮮国王を参洛させよと命じたことには、このような対馬・朝鮮関係の認識があったのである。しかし、宗氏とすれば、秀吉の命令をそのまま伝えれば、これまでの対馬と朝鮮の交易関係を崩すこととなり、それは対馬にとって死活問題となるのであった。ここから宗氏の苦悩にみちた対朝鮮折衝がはじまる。

一五八七(天正十五、宣祖二十)年九月、宗氏は家臣橘(柚谷)康広を日本国王使と仮称して朝鮮へ送った。康広は、長く続いた日本の戦国動乱は新王によって統一されたので、それを祝福する通信使を派遣してほしいと伝えた。しかし、その書翰には「天下、朕の一握《いちあく》に帰す」の文言があり、文章の辞句は傲慢であった。この報告を聞いた朝鮮国王は「日本はこれまでの国王を廃して新王を立てたというが、それは国王を殺してその位を奪ったものと思われるので、その使節を接待してはならぬ。大義(人倫の道)を諭《さと》して送り返すべきである」と考えた。この意見にしたがって、大臣らは化外《けがい》▲の国の使節には礼義▲にもとづいて接待しないとの結論を出し、水路迷昧《すいろめいまい》▲を口実にして通信使派遣を婉曲《えんきょく》に断わった。

八九年三月、秀吉は宗義智《よしとし》に朝鮮国王参洛の遅れを責め、ただちに参洛させ

▼**化外**　天子または王の徳化の及ばないところ。蛮国。ここでは具体的に、儒教国でない日本をさす。

▼**礼義**　人倫の道。

▼**水路迷昧**　日本へ行く水路が判らないという意味。

るよう促した。同年六月、宗義智は博多聖福寺の僧景轍玄蘇《けいてつげんそ》を正使とし、義智自身は副使となって、老臣柳川調信《しげのぶ》、博多商人島井宗室らとともに朝鮮に渡った。

ソウルに到着した一行は通信使の派遣を重ねて要請し、義智は朝鮮側が水路迷昧というならば、義智自身が日本へ案内にあたるといった。義智の強硬な姿勢に対し、朝鮮側は、この使節一行に日本の海賊問題の処置を要求して、その誠意をみてから結論を出すこととなった。朝鮮側のいう海賊問題とは、前年十一月、倭寇が全羅道損竹島を犯し、その辺将李大源《イデウォン》を殺し、住民を奴隷として連れ去った事件のことである。それは朝鮮の辺民沙火同《サウルベドン》なるものが倭寇を手引きしたのであり、その後、沙火同は五島に匿《かくま》われていたのである。朝鮮側は宗義智らにこの沙火同を連行すれば、日本へ通信使を派遣すると伝えた。

そこで宗義智は老臣柳川調信に沙火同を連行させた。この結果、同年九月、朝鮮側は秀吉の日本統一を祝賀する通信使派遣にふみきり、同年十一月、通信正使に黄允吉《ホアンユンギル》を、副使に金誠一《キムソンイル》を、書状官に許筬《ホソン》を任命した。通信使一行は翌九〇年三月にソウルを出発した。

秀吉、朝鮮に明征服の先導を命ず

一五九〇(天正十八)年十一月七日、秀吉は聚楽第《じゅらくてい》で朝鮮通信使を謁見《えっけん》し、朝鮮国王の国書を受けた。もちろん、その国書は秀吉の日本統一を祝賀するものであった。しかし、この使節を服属使節と思いこんでいた秀吉は、外交使節を迎える拝揖酬酢《はいゆうしゅうさく》▲の節も行わず、傍若無人な態度をとった。

謁見のさい、秀吉は朝鮮国王への返書をただちに与えなかった。そして通信使一行は堺に待機して国王に宛てた秀吉の返書を受けとった。その返書の内容はつぎのようなものであった。

①戦国動乱の続いていた日本では、これまで朝廷の命令は無視されていた。ここで自分は一念発起して、数年間に朝廷に逆らうものを討ち、日本全国を統一し、異域遠島の地域も服属させた。

②自分はもともと賤しい身分の出身であったが、自分が母の胎内に宿ったとき、母は日輪(太陽)が懐中に入った夢をみた。そこで占い師は「生まれてくる子は成人すれば、必ず八表仁風《はっぴょうじんぷう》▲を聞き、天下にその威名を広げるであろう」といった。この奇瑞《きずい》のおかげで、戦えば必ず勝って天下を治め、百姓を大切にし、

▼**拝揖酬酢**　拝揖は身をかがめて手を合わせて敬礼すること、酬酢は主客互いに酌み交わすこと。

▼**八表仁風**　「八表」は全世界。世界のすみずみまで仁徳が行き届くこと。

民は豊かになり、貢納も増え、朝廷は安泰となり、都はこれまでになく壮麗なものとなった。

③しかし、自分はここで満足するものではない。東アジアの国々が山海を隔てているのをいさぎよしとせず、すぐに大明国に入り、日本の風習を中国全域に及ぼし、日本の政化▲を永遠に植えつけたいものである。

④朝鮮はまっ先に自分のもとへ入朝(服属)したので心配することはない。自分が明征服の軍を出すとき、士卒を率いて軍営に馳せ参ずれば、さらに友好関係が深まるであろう。

⑤自分の望みは佳名を三国(本朝・唐・天竺)に輝かすことだけである。

秀吉は朝鮮国王に、その服属を褒《ほ》め、明征服の先導(征明嚮導《せいみんきょうどう》)▲を命じたのである。通信使はその不穏当な文言に反発したものの、急いで帰国することとなった。

征明の準備進行と宗氏の画策

一五九一(宣祖二十四)年三月、黄允吉《ホアンユンギル》・金誠一《キムソンイル》、二人の通信使は国王に復命

▼政化　国を治め導くこと。

▼征明嚮導　明征服の先導をつとめること。

した。そのさい、黄允吉は秀吉は朝鮮に兵を出すであろうと報告したが、金誠一は、秀吉の出兵はないと、まったく正反対の報告をしたのである。この異なった復命の背景には、当時、朝鮮の官人が東人派と西人派に分裂して党争▲を繰りかえしていたという事情があった。黄允吉は西人派であり、金誠一は東人派に属していたのである。

　この二人の報告について、この時点で実権を握っていた左議政▲柳成龍《ユソンリョン》(東人派の領袖)が金誠一の報告が正しいとしたので、朝鮮側は防備態勢におくれをとることとなる。

　一方、朝鮮通信使を服属使節とみせかけて秀吉の前でとりつくろった宗氏は、秀吉の征明嚮導命令にふたたび困惑した。宗氏の意向をくんだ景轍玄蘇《けいてつげんそ》は朝鮮通信使の帰国に同行し、金誠一らに「征明嚮導」は「仮途入明《かとにゅうみん》▲」の意味であると弁明したが、朝鮮側はその要求を拒絶した。

肥前名護屋の築城

　朝鮮通信使の来日により、朝鮮が服属したものとみなした秀吉は、一五九一

▼党争　権力闘争のこと。朝鮮王朝は国教を儒教とした。儒生(国家の官人志願者)は各地の書院で儒学を学び、科挙に合格して官人になると、政権掌握のため有力な書院をもとに党派をつくり、内部の結束援助と外部を排撃するなど権力闘争にあけくれた。十六世紀半ば、官人は東人派(改革派)と西人派(保守派)に分かれて党争した。東人派は領袖金孝元の家がソウルの東方にあるところから、西人派は領袖沈義謙の家がソウルの西方にあるところからこう呼ばれた。

▼左議政　朝鮮国家の官制における議政府(内閣)の首職は領議政(正一品、太政大臣相当)であり、その下に左議政(正一品、左大臣相当)と右議政(正一品、右大臣相当)がある。

▼仮途入明　朝鮮の道を借りて明へ入りたい。

（天正十九）年八月、「身分統制令」を出して兵農分離の方針を徹底させ、ついで関白職を甥の豊臣秀次に譲った。関白となった秀次は翌九二年三月、明征服のさい必要となる陣夫を徴発するため、戸口調査をはじめた。

同年十月、秀吉は浅野長政を総奉行に、黒田孝高《よしたか》を縄張り（設計）奉行として肥前名護屋《なごや》築城普請にかかった。

名護屋城の天守閣・本丸・山里《やまさと》丸などの作事普請には長谷川宗仁・御牧勘兵衛・芦浦観音寺らの豊臣代官や奉行衆があたった。城内の障壁画《しょうへきが》は狩野光信▲が担当し、その出来ばえは「名護屋之御要害天守以下聚楽ニ劣ル事ナシ」といわれるほど見事なものであった。また、石垣普請は島津氏ら九州諸大名が担当した。これには浅野長政・黒田孝高の両奉行の指導があり、九州の諸大名は浅野長政らの配下にある石垣職人を雇って「御城ノ石垣なとも京都にもまし申候」ほどの普請をすすめた。

名護屋城普請により、名護屋には全国から集められた諸大名の陣屋が立ち並んだ。これにより諸大名とその家臣団の需要が高まった。この需要を目当てにして、京都・堺・大坂・博多などから、商人や職人が名護屋に集まり、ここに

▼**狩野光信**　狩野永徳が安土城天主閣の西王母などの障壁画を描いたさいの助手。永徳の長男。

●—名護屋城図屏風

一大城下町が出現した。この城下町名護屋は最大の米市場となり、米価は日本でもっとも高くなったのである。

②―壬辰倭乱(第一次朝鮮侵略)の勃発

倭軍緒戦の勝利とソウル陥落

一五九二(天正二十)年三月、秀吉は約一六万の兵を九軍に編成して、朝鮮渡海を命じた。同年四月半ば、小西行長・宗義智の第一軍が釜山浦《プサンポ》に迫り、釜山鎮に「仮途入明」を要求した。釜山鎮水軍僉使《せんし》鄭撥《チョンバル》はこれを無視して守りを固めた。そこで小西らの倭軍は釜山鎮を囲み、これを陥した。

倭軍が釜山浦に迫ったことを知った東萊《トンネ》府使宋象賢《ソンサンヒョン》は東萊城の守りを固めた。このとき、蔚山《ウォルサン》の兵営から東萊に駆けつけた慶尚《キョンサン》左兵使李珏《イカク》は、東萊府城を外から救援するといって逃亡した。東萊府城を囲んだ倭軍は、「戦うなら相手になろう。戦わなければ道を通せ」と要求した。これに対し朝鮮側は「戦死するのは簡単だが、道を通すのは難しい」と返答した。ここに東萊府城をめぐる攻防が始まったが、鉄炮隊を主力とする倭軍の前に、東萊府城は陥落し、宋象賢は殉節をとげた。

小西らの第一軍につづいて、後続の倭軍も釜山浦一帯に上陸し、倭軍は破竹

▼**水軍僉使**　「僉使」は僉節制使の略称、水軍武官の一職、従三品。この場合は釜山鎮の長官。

▼**府使**　都護府使の略称。文官の一職、正三品。この場合は東萊府の行政長官。

▼**兵使**　兵馬節度使の略称。武官の一職、一道軍務長官。

▼**殉節**　節義(節操を守り、正道をふむこと)のために死ぬこと。

の勢いでソウルに向かって進撃した。釜山鎮や東萊府城が陥落したとの報告を受けた朝鮮国王は、同月末、平壌をめざしてソウルから脱出した。そして、五月三日の払暁、小西行長の第一軍は東大門から、加藤清正の第二軍は南大門からソウルに入城し、ここにソウルは陥落したのである。

秀吉の東アジア国割構想と朝鮮経略

ソウル陥落の知らせを受けた秀吉は、一五九二(天正二十)年五月十六日、加藤清正らに、①ソウルから逃亡した朝鮮国王の捜索、②朝鮮民衆の支配、③倭軍の乱暴狼藉《ろうぜき》の禁止、④ソウルにおける秀吉御座所の造営、⑤朝鮮町人をソウルへ呼び戻すこと、⑥兵糧の点検と備蓄、⑦釜山浦からソウルにいたる秀吉の宿泊所普請ならびに道路整備などの占領政策を指示した。

ついで、五月十八日、秀吉は関白秀次に二五カ条にわたる覚書を出した。それは①来年二月頃、秀次は大明国へ出陣するための用意をすること、②後陽成天皇を北京へ行幸させ、秀次を中国の関白とし、日本の天皇は皇太子良仁《よしひと》親王か皇弟智仁《ともひと》親王とすることなどを伝えたものであった。また、秀吉の祐筆山中橘内《きつない》が豊臣家の女中に宛てた手紙によれば、秀吉は明征服のあと、寧波《ニンポー》に居所を置いて天竺まで手に入れる構想のあることを伝えている。ここに秀吉は東アジアの全域に支配領域を広げようという構想を示したのである。

一方、朝鮮に侵入した倭軍は、当初に編成した第一〜九軍のうち、八軍までをその編成のまま（第九軍は壱岐在陣）、朝鮮八道の支配にあたった。その配置および部将大名と与力大名はつぎのようであった。


慶尚道…（部将）毛利輝元、吉見元頼ら。

全羅道…（部将）小早川隆景、毛利秀包、立花宗茂、高橋直次、筑紫広門ら。

忠清道…（部将）福島正則、戸田勝隆、長宗我部元親、生駒親正、来島通之・通総兄弟ら。

江原道…（部将）毛利吉成、島津義弘、高橋元種、秋月種長、伊東祐兵、島津忠豊ら。

京畿道…（部将）宇喜多秀家。

黄海道…（部将）黒田長政、大友義統ら。

咸鏡道…（部将）加藤清正、鍋島直茂、相良長毎ら。

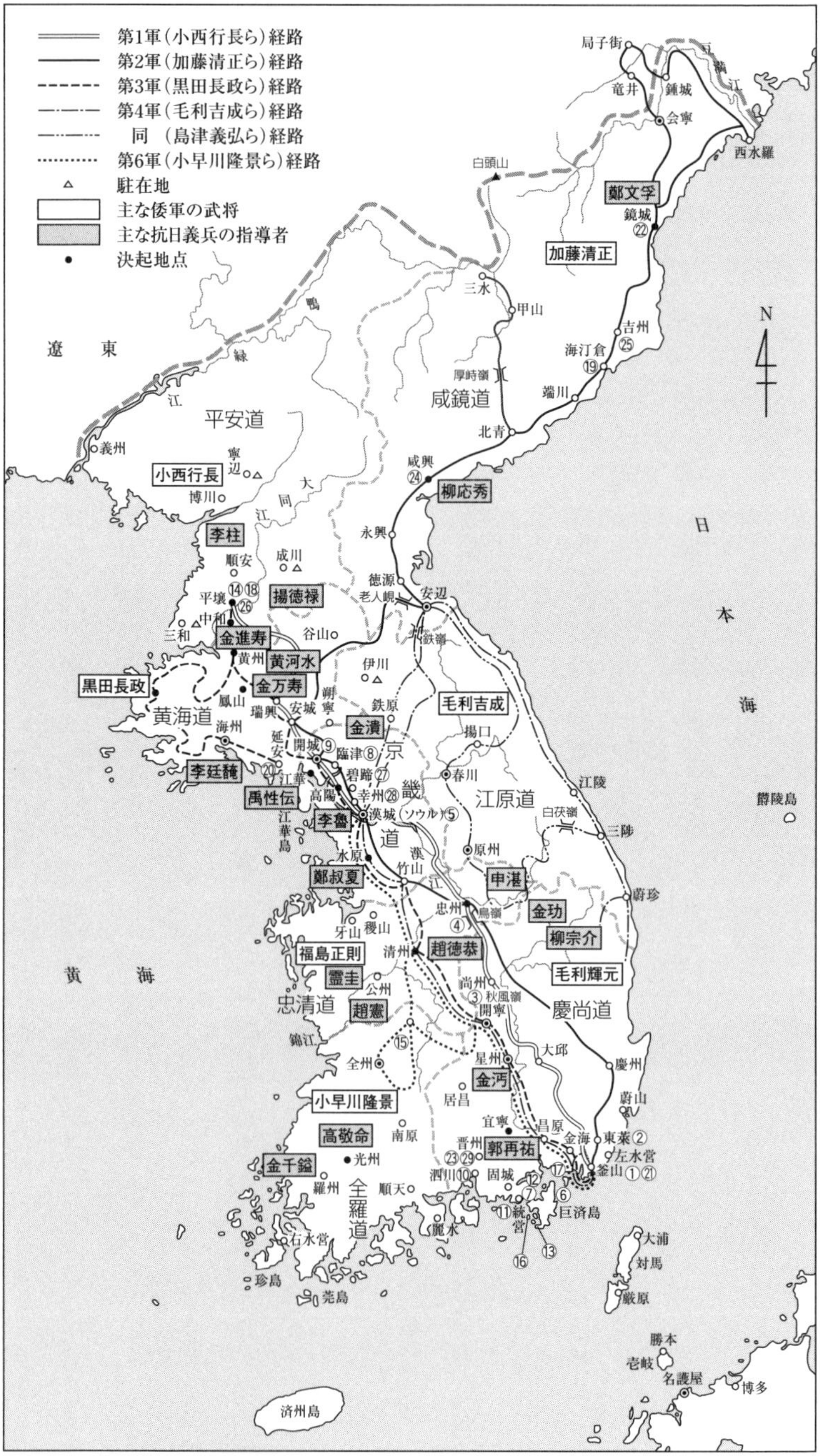

●——第一次朝鮮侵略関係略図

（月日は現地の暦）

番号	戦い	日時
①	釜山城の戦い	1592年４月14日
②	東萊城の戦い	４月15日
③	尚州の戦い	４月25日
④	忠州弾琴台の戦い	４月28日
⑤	漢城（ソウル）陥落	５月３日
⑥	巨済島・玉浦・合浦の海戦	５月７日
⑦	赤珍浦の海戦	５月８日
⑧	臨津江の戦い	５月18〜28日
⑨	開城陥落	５月29日
⑩	泗川の海戦	５月29日
⑪	唐浦の海戦	６月２日
⑫	唐項浦の海戦	６月５〜６日
⑬	栗浦の海戦	６月７日
⑭	平壌陥落	６月15日
⑮	錦山（熊峠・梨峠）の戦い	７月８〜９日
⑯	閑山島の海戦	７月８日
⑰	安骨浦の海戦	７月10日
⑱	平壌攻撃（明副総兵祖承訓）	７月17日
⑲	海汀倉の戦い	７月18〜19日
⑳	延安の戦い	８月22日
㉑	釜山浦の戦い	９月１日
㉒	鏡城の戦い	９月16日
㉓	第１次晋州城の戦い	10月６〜10日
㉔	咸興の戦い	10月16日
㉕	吉州長坪の戦い	11月15日
㉖	平壌の戦い	1593年１月８日
㉗	碧蹄館の戦い	１月27日
㉘	幸州の戦い	２月12日
㉙	第２次晋州城の戦い	６月22〜29日

●──第一次朝鮮侵略の主な戦い　番号は右ページを参照。

平安道…(部将)小西行長、宗義智、松浦鎮信、有馬晴信、大村喜前、五島純玄ら。

ここに倭軍は朝鮮全域の支配に向かうが、その究極目的は明征服の足場を固めることにあった。

秀吉の朝鮮渡海延期と朝鮮奉行の派遣

ソウル陥落のあと、秀吉は一刻も早く朝鮮へ渡海しようとしていた。一五九二(天正二十)年六月、馬廻り衆・小姓衆をすでに乗船させ、渡海の用意をしていたが、それを徳川家康と前田利家がおしとどめた。これに対し、石田三成は秀吉の渡海を強く主張した。彼らは秀吉の前で激論したが、家康と利家は、これから秋に向けて海上の風向きが悪くなることをあげ、秀吉に万一のことがあれば、天下が潰れると言ったところ、秀吉の渡海は翌年三月まで延期となった。三成とすれば、秀吉の渡海がなければ、朝鮮に在陣する倭軍の統制がまとまらず、士気は高揚しないと判断したのである。

秀吉の朝鮮渡海延期により、秀吉は石田三成・増田長盛・大谷吉継らを朝鮮

●加藤清正宛豊臣秀吉書状

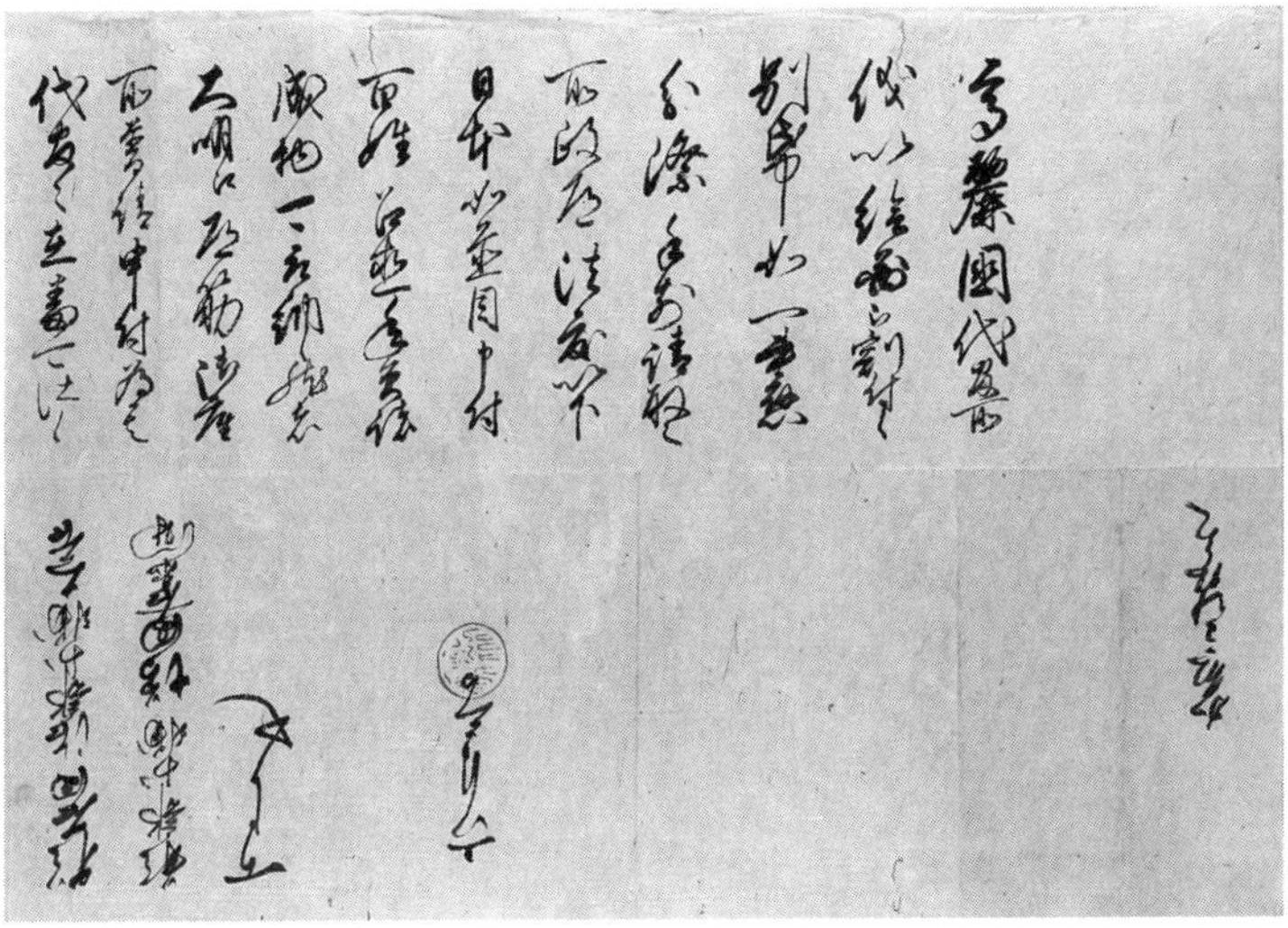

●釈文

高麗国代官所
儀、以絵図被割付候、
別紙如一書、応
分際手前請取之
所、政道・法度以下、
日本如置目申付、
百姓召直、年貢諸
成物可取納候、然者、
大明江道筋御座
所普請申付、為其
代官之在番可仕候、
猶石田治部少輔・大谷
刑部少輔・増田右衛門尉
可申候也

六月三日〇(秀吉朱印)
加藤主計頭とのへ

●読み下し

高麗国代官所の儀、絵図を以て割り付
けられ候、別紙一書《ひとつがき》の如く、分際に
応じ手前請取の所、政道・法度以下、
日本置目の如く申し付け、百姓召直し、
年貢諸成物取り納むべく候、然ら者、
大明へ江道筋御座所普請申し付け、其
の代官として在番仕るべく候、なお石
田治部少輔(三成)・大谷刑部少輔(吉
継)・増田右衛門尉(長盛)申すべく候
也

(天正二十年)六月三日〇(秀吉朱印)
加藤主計頭(清正)とのへ

奉行として渡海させ、倭軍全体の指揮を彼らに託すこととした。そのさい、三成らが諸大名にもたらした秀吉の指示は、①朝鮮八道を秀吉の直轄地とし、代官支配を行うこと、②その代官支配地は絵図をもって諸大名に割り付けるから、諸大名はそれを分限《ぶげん》に応じて請け取ること、③逃散《ちょうさん》していた朝鮮農民を村々に呼び戻して農耕に就かせ、日本国内と同じように支配して年貢を取ること、③朝鮮から明へのルートに秀吉の御座所を普請し、ここに諸大名は在番せよ、というのであった。

奉行衆一行は六月はじめに名護屋を発ち、ソウルへ着陣したのは七月十六日のことであった。この時、小西行長はすでに平壌に在陣し、加藤清正は咸鏡道、黒田長政は黄海道、小早川隆景は全羅道へと兵を進めていたのである。

臨津江の戦いと倭軍の神国意識

一五九二（宣祖二十五・天正二十）年五月半ば、小西行長・宗義智・加藤清正・黒田長政らの軍勢は、臨津江《イムジンガン》▲を隔てて朝鮮軍と対陣した。この時、宗義智の側から朝鮮側へ、朝鮮国王は直ちにソウルへ戻り、日本と明との和議斡旋《あっせん》にあた

▼**臨津江**　板門店の南約一〇キロの地点を東から西に流れる大川。漢江と合流し黄海に流れ込む。

▼**碧蹄館**　ソウルの北方約二五キロ地点。ソウルから義州への街道の駅院のひとつ。明から朝鮮に来る使節は、ソウルに入る前日、ここに宿泊する。

るのが朝鮮を救う道であるという文書を送った。しかし、朝鮮側は、たとえ臨津江で死んでも、和議には応じないと返事した。この強気の返答の背後には朝鮮側の戦況認識の甘さがあった。朝鮮軍の間では、碧蹄館《ビョクジェグアン》▲周辺の伏兵が倭兵を多く討ち取ったこと、倭軍はソウルに入ったものの孤立状態になっているこ となどの情報が飛び交っていた。そして臨津江の守りを固めることによって、倭軍を討滅できるものと考えていたのである。

同月末、倭軍はわずかの小船を調達し、多数を擁する朝鮮軍の船と合戦の末、臨津江の渡河に成功し、朝鮮軍は遁走した。ここに約一世紀にわたる戦国動乱で鍛えあげた倭軍の戦闘技術と、戦争を体験していない朝鮮側の戦闘技術の明暗をみる。それとともに注目したいのは、この臨津江の勝利のさい、倭軍の中に「神国意識」の高揚がみられたことである。鍋島直茂の家臣田尻鑑種の日記には、臨津江の戦いの様子を記述したあと、唐突に「神功皇后《じんぐう》の新羅《しらぎ》征伐」の物語が出てくる。

「そのかみ(昔)、神功皇后新羅を退治のため、あらゆる神達壱岐の島に集まり給い、楫取《かとり》大明神、柁《かじ》を取り、竹取の尊《みこと》、御竿を取り、船出し給う。敵も海上に出合い、防げれども、日本の神力威を増し、新羅を従え給う。神功皇后は女体にて、しかも懐胎にておわしける、御帰朝の後、筑前宇瀰《うみ》▲の裏地にて誕生候て、宇瀰八幡とあらわれさせ給う条、ためしにも此の如くこそと思いあわせられ候」

　臨津江の戦捷の様子を記したあと、「神功皇后の新羅征伐」の伝説が出てくるのはなぜであろうか。この「神功皇后の新羅征伐」は田尻鑑種の日記だけでなく、松浦鎮信の家臣吉野甚五左衛門の従軍日記にも「日本は神国たり、(中略)人皇十代仲哀天皇の妃神功皇后、女帝の身として三韓をきり従え給いしより已来、異国にも従わず、高麗・琉球より、毎年我朝に官物を供え奉る、是は上代の先例たり」と記されている。朝鮮は日本に従属するもの、貢物を出すものという考えを歴史のうえから説明する意識、すなわち、この神国意識が倭軍の朝鮮侵略を正当化する支えとなったのである。

▼宇瀰　神功皇后が新羅遠征のあと、この地で誉田別《ほんだわけ》命＝応神天皇を産みおとしたという伝説がある。現、福岡県糟屋郡宇美町。

小西行長の平壌占領

　一五九二(宣祖二十五・天正二十)年六月初旬、小西行長・宗義智の第一軍、黒

田長政らの第三軍が平壌に迫った。ここで倭軍は朝鮮側に会談を申し入れた。その結果、朝鮮側からは大司憲李徳馨、倭軍からは第一軍の従軍僧景轍玄蘇と宗氏の老臣柳川調信が大同江《テドンガン》に舟を浮かべ、酒を酌み交わしながら会談した。そこで玄蘇は、①我々は朝鮮の道を借りて明へ朝貢したい、②朝鮮国王は平壌を離れ、我々に遼東に向かう道を開いてほしい、と申し入れた。李徳馨は、①明へ行きたいならば、どうして浙江に向かわないのか、朝鮮の道を通るというのは、我が朝鮮を滅ぼそうとするものである、②明朝は朝鮮にとっては父母の国である。たとえ死んでも倭軍の要求には応じない、と突っぱねた。ここに会談は決裂した。

　この会談の決裂により、朝鮮国王は平壌を脱出して、遼東の境にある義州へ逃れ、明軍に救援を求めることとした。このあと、平壌に残った朝鮮軍は小西・宗の陣に夜襲を試みた。しかし、これは逆襲に遭った。そのため、夜襲隊の撤退用にと、大同江に待機していた救援船は岸に近づけなかった。そこで夜襲隊は大同江王城灘の浅瀬を渡って逃走したが、ここで倭軍は大同江に浅瀬のあることに気づいた。これにより朝鮮軍は平壌を撤退し、倭軍は無人の平壌城

▼**大司憲**　文官の一職。時政を論じ百官を糾察する司憲院の首職、従二品。

▼**大同江**　平壌城の東を北から南へ流れ、西に流れを変えて黄海に流れ込む大川。

▼**浙江**　日明貿易の窓口、浙江省寧波。

に入城した。これは六月半ばのことである。

加藤清正の咸鏡道侵犯と在地支配

一五九二(宣祖二十五・天正二十)年六月半ば、加藤清正・鍋島直茂らの第二軍は咸鏡南道安辺《アンビョン》に侵入した。清正はただちに、咸鏡道百姓に宛て、

①豊臣秀吉は朝鮮の国政を改革するため、軍兵を派遣したが、朝鮮国王はソウルから退去した。しかし、我々は朝鮮国王を誅罰《ちゅうばつ》することはない。

②我々の行動に協力する朝鮮人には村々での安住を保障する。

③倭軍は諸将を朝鮮八道に遣わしてこれを治めることとした(朝鮮八道経略)。咸鏡道を治めるのは清正であり、道理にはずれることはない。朝鮮農民はただちに本家に帰り農耕に励め、という榜文《ぼうぶん》を立てた。

ついで清正は咸鏡南道の安辺を自分の本陣に、咸鏡南道の咸興《ハムフン》を鍋島直茂の本陣とし、咸鏡南道の徳源・文川・永興・定平・洪原に直茂家臣団を在番させた。さらに清正はみずからの家臣を咸鏡南道の北青・利原・端川、咸鏡北道の城津・吉州に在番させた。この間、端川に在番する清正家臣九鬼《くき》四郎兵衛は、

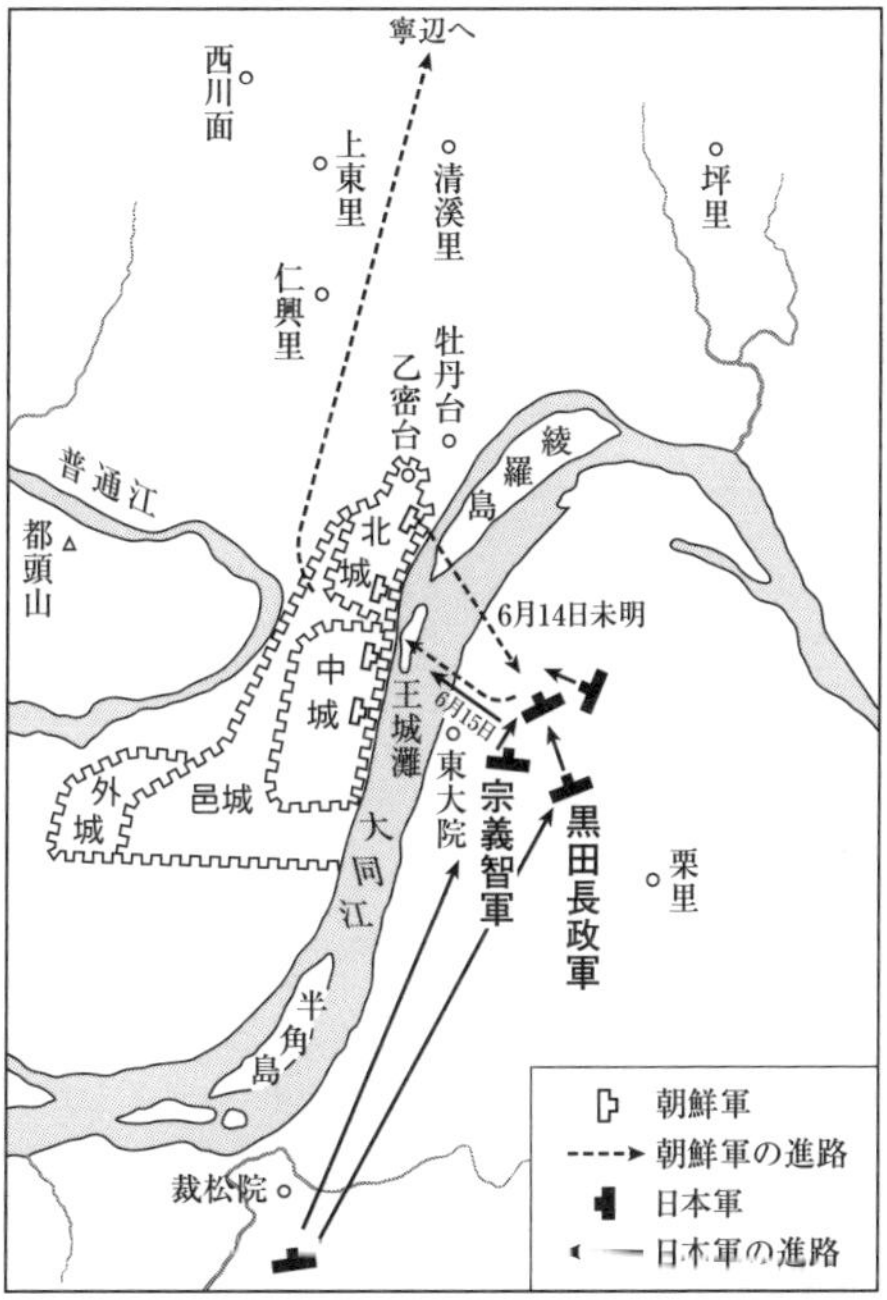
寧辺へ
西川面
上東里
清渓里
坪里
仁興里
牡丹台
乙密台
綾羅島
普通江
都頭山
北城
中城
6月14日未明
6月15日
王城灘
東大院
外城
邑城
大同江
宗義智軍
黒田長政軍
栗里
半角島
裁松院
朝鮮軍
朝鮮軍の進路
日本軍
日本軍の進路

●——平壌陥落関係図(一五九二年六月十五日)

オランカイ
穏城
慶源
鍾城
慶興
会寧
富寧
白頭山
清津
鏡城
咸鏡道
明川
三水
新加乙坡鎮
甲山
吉州
加藤右馬允在番
江界
北関大捷碑
雙浦
臨溟 泗浦洞(海汀加坡里)
豊山
摩天嶺
城津 近藤四郎右衛門在番
端川
九鬼四郎兵衛在番
利原
小代下総守在番
北青
吉村橘左衛門在番
平安道
洪原
成富十右衛門在番
咸興
鍋島直茂本陣
定平
馬場太郎二郎在番
永興
竜造寺七郎左衛門在番
高原
鍋島平五郎在番
文川
竜造寺六郎二郎在番
徳源
後藤善二郎在番
老人峴
安辺
加藤清正本陣
通川
鉄嶺
日本海

●——咸鏡道での加藤・鍋島勢の在番

ここで銀山を採掘し、清正は銀三〇枚を秀吉のもとへ届けている。

　七月半ば、清正は咸鏡北道城津で咸鏡北道兵使韓克誠《ハングクハム》を破り、ついで会寧で朝鮮二王子臨海君珒《シン》・順和君𤣰《スンファングンジク》▲を捕らえた。この二王子は、会寧の土官▲鞠景《ククギョン》仁《イン》らが清正に寝返るために捕らえていたものであった。このあと、清正は七月末から八月末にかけて豆満江を渡ってオランカイに入った。その目的はオランカイから明への道を探ることにあった。そして九月二十日ごろ、清正は安辺の本陣に戻った。

　そのあと、咸鏡道の一三カ所に在番した倭軍は現地の朝鮮農民の支配にあたった。その支配とはまず兵糧米の収奪であった。ここで鍋島直茂軍の場合をみると、洪原・咸興など八カ所の六伯▲を呼び出し、年貢や特産物の指出《さしだし》▲を書かせた。そして、朝鮮農民を人質にとって牢に入れ、人質と引きかえに兵糧米をとったのである。清正は咸鏡道の治政について、「道理にはずれることはない」と榜文を立てたが、その実態は「民間から租税などを徴発し、要害に多くの伏兵を設けて、人々は通行もできず、抵抗するものは殺戮する」という状況だったのである。

▼朝鮮二王子臨海君珒・順和君𤣰　一五九二年四月末、朝鮮国王のソウル脱出のさい、勤王の兵を集めるため、臨海君は咸鏡道へ、順和君は江原道へ向かった。しかし、江原道は毛利吉成の倭軍が侵入し、順和君はそれを逃れて北上し、咸鏡道で臨海君と合流した。ところが清正らの倭軍が咸鏡道へ侵入したことにより、さらに奥地へ逃れたが、咸鏡北道会寧で国家にうらみを抱く土官鞠景仁らに捕らえられた。

▼土官　土官職の略称。咸鏡道の咸興・鏡城・会寧・慶源・鍾城・穏城・富寧・慶興、平安道の平壌・寧辺・義州・江界などに別に設けた官職。咸鏡道または平安道内の人に限って任用し、文官は観察使(一道の行政長官)、武官は節度使(一道の軍務長官)が選ぶ。

黒田長政・毛利吉成の在地支配

小西行長らの平壌攻撃に加わった黒田長政は、平壌城陥落のあと、数日平壌に在陣し、兵を返して黄海道に向かった。長政も、清正の場合と同様、黄海道白川に榜文を立て、「山中に逃避して抵抗するものは斬る。武器を持っているものは、それを差し出せ。この命令に従わないものは斬る。（朝鮮国家の）官人であっても、隠れることなく来見せよ。公私賤民はすべて百姓として扱う」といい、朝鮮農民に農耕を強制する指示を出した。そして長政は白川にある金谷浦倉の穀物を抑えた。金谷浦倉は黄海道南部の租穀を集め、ここからソウルへ運送するための倉庫であった。

一五九二（天正二十）年七月初旬、長政は黄海道の首府海州を陥し、黄海道の農民から租税の指出を出させ、軍政を徹底させたのである。

また毛利吉成は、同年五月半ば、臨津江へ向かう小西行長・加藤清正・黒田長政らとともにソウルを発ち、京畿道揚州から江原道に侵入した。金化・金城を経て、六月初旬、淮陽に迫った吉成の倭軍は淮陽府使金錬光らを虐殺し、淮陽を陥した。そのあと、吉成らは江原道から咸鏡南道安辺に通じる鉄嶺の朝鮮

▼**六伯**　郷吏（地方役人）のこと。朝鮮は明にならって官制をつくりあげた。明の中央官制は皇帝の下に内閣大学士、その下に吏部（官吏の人事担当）・戸部（財政担当）・礼部（祭祀・外交担当）・兵部（軍事担当）・刑部（司法担当）・工部（土木担当）の六部を置いた。朝鮮も中央に吏曹・戸曹・礼曹・兵曹・刑曹・工曹の六曹を、地方には吏伯・戸伯・礼伯・兵伯・刑伯・工伯の六伯を置いた。

▼**指出**　日本国内での検地には、在地領主や農民から申告させる場合と実際に土地を測量する場合があった。前者を指出といい、指出帳が作成された。これは戦国時代から秀吉が検地をはじめた初期の段階まで行われていた。朝鮮侵略のさい、諸大名は土地を実測する余裕はなく、指出方式をとった。現在、鍋島直茂が咸鏡南道で徴収した指出帳「朝鮮国租税牒」が前田尊経閣文庫に所蔵されている。

軍を撃破し、安辺に入った。ここで加藤清正・鍋島直茂らの着陣を待ち、直茂の従軍僧是琢《ぜたく》に江原道歙谷《きゅうこく》郡の朝鮮郷吏（六伯）宛の榜文の雛形を作成してもらう。

その要点は、①江原道は毛利吉成の治政する地域となったが、農民たちは山や海に逃れてしまった。哀れむべきことである。②そこで金化や金城では六伯を招いて農民たちを帰宅させ、食料を与えるよう命じた。③ところが、歙谷郡の六伯らは一人として来見しない。農民らを率いて帰宅すれば、官倉の食料を与える。この地域の住民で真っ先にやって来たものには、耕地と住宅を褒美として与える、というものであった。

吉成はこの榜文を持って海岸伝いに江原道歙谷郡に入り、歙谷郡の六伯の綏《すい》撫《ぶ》につとめた。そのあと、七月半ば、吉成の倭軍は江原道南部の三陟《サムチョク》に在陣し、島津の倭軍と合流したのであった。

毛利輝元の慶尚道御座所普請

毛利輝元の倭軍は諸勢の殿《しんがり》として釜山浦に上陸した。その直後、輝元は秀吉

からつぎの指示を受けた。それは、

①秀吉が朝鮮に渡海した場合、釜山浦からソウルの路次に宿泊所とすべき城があるので、一段落したら、その御座所の普請にかかること、

②諸城に在番するものは、その周辺の在地支配を行うこと、であった。

この釜山浦・ソウル間の御座所普請は毛利勢のみに指示されたのではなく、諸大名にも出された。すなわち、毛利輝元は慶尚道の清道から忠清道の境にあたる鳥嶺までの九カ所、小早川隆景は鳥嶺のすぐ北に位置する忠清道延豊から京畿道竹山(忠清道から京畿道に入った地点)までの四カ所、福島正則らの四国衆は京畿道の陽智からソウルの手前に位置する沙平院までの四カ所、そして宇喜多秀家はソウルの南を流れる漢江とソウルの二カ所、合計一九カ所の普請分担であった。

その後、輝元にはさらに二カ所の普請が付け加えられ、毛利勢の普請分担は一一カ所となった。ところがソウルが倭軍上陸後二〇日ほどで陥落したことに気をよくしたのか、渡海を急いだ秀吉は、釜山浦・ソウル間の御座所普請の一三カ所を縮小し、御座所の普請分担をつぎのように変更した。

①ソウルの御座所普請は九州衆および宇喜多秀家が担当すること、
②釜山浦・ソウル間で城郭がなく、新規に普請する必要のある箇所は、毛利輝元が二カ所、羽柴秀勝・蜂須賀家政・生駒親正・福島正則がそれぞれ一カ所ずつ、計六カ所を力量に応じて担当すること、
③釜山浦・ソウル間で城郭があり、新規普請の必要のない箇所は、細川忠興・稲葉貞通・長宗我部元親および来島通之と通総の兄弟、戸田氏重・中川秀政・因幡衆と伯耆衆・但馬衆が、それぞれ一カ所ずつ、計七カ所を力量に応じて担当すること、
④これら一三カ所の普請は粗略のままでもかまわないから、急ぎ普請せよ、というのである。

ここで毛利勢の普請分担は二カ所となった。しかし、それとても、国元からの普請人足が到着せず、普請は思うようにすすまなかったのである。

御座所普請の指令が出てまもないころ、輝元は国元に書状を送り、国元からの応援の普請人足が到着しないが、とりあえず、自分の手許にいる小人数の人足だけでも普請にかかる。しかし国元の応援人足を加えても、普請に必要な人

足はまだ足りないと、人足不足の窮状を述べている。

事実、輝元の部将吉見元頼の領地津和野《つわの》からの人足は、一五九二（天正二十）年四月半ばにようやく津和野を発ったという知らせが六月初めに元頼のもとに届いた有様であり、その人足不足は深刻であった。

さらに輝元はその書状の中で、①朝鮮は日本よりも広く、このたび渡海した倭軍の兵力のみで治めるには人数が足りないこと、②さらに言語が通ぜず、通訳や土地勘のあるものをたくさん必要とするので難儀していることなどを伝えている。

秀吉の御座所普請といっても、平時の場合とは違い、異国での戦闘状況の中で遂行するのであり、それは容易なことではなかった。

同年六月半ば、輝元は慶尚北道開寧《ケエリョン》▲に着陣し、ここを本陣とした。そして、同月末、毛利勢の先鋒として、毛利元康は慶尚北道安東《アントン》▲に、吉見元頼は礼安《イエアン》▲に陣を構えた。

ところが、七月上旬、朝鮮側が礼安および安東に陣を構える元頼・元康への反撃態勢をとりはじめた。これにより、元頼は礼安の陣を引き払い、安東の毛

▼開寧　慶尚北道金陵郡開寧面。

▼安東　慶尚北道安東市。

▼礼安　慶尚北道安東郡礼安面。

利元康の陣に合流した。さらに同月中旬、元頼と元康らは安東を引きあげ、八月中旬、元頼と元康らの軍は開寧の輝元本陣に帰還したのである。

●—郭再祐騎馬像(宜寧)

▼両班　高麗・朝鮮における最上級身分の支配階級。彼らは科挙の試験を受けて文官または武官の官僚になる。これら官僚は公的会合において、文官は東側(東班)に並び、武官は西側(西班)に並ぶところから両班というようになった。

▼鼎津　慶尚南道宜寧郡宜寧邑鼎岩里。

③—朝鮮民族の反撃と明の救援

朝鮮義兵、各地に決起

勝利を重ねる倭軍の前に、朝鮮軍は壊滅状態となり、ソウルは陥落した。ところが、この国家の軍隊とは別に、在野では抗日義兵の組織化が進行していたのである。

慶尚道玄風の両班《リャンバン》▲子弟郭再祐《クァクゼウ》は、倭軍の慶尚道侵入直後の一五九二(宣祖二十五)年四月二十日、家財を投げうち、私奴婢を率いて決起した。再祐は村の人々に「倭軍がすでに迫っている。我々の父母妻子は、まさに倭軍の餌食になろうとしている。我が郷里で若くして戦うことのできる者は数百人もいる。一致団結して、鼎津《チョンジン》▲を死守すれば、郷里を保つことができる。どうして手を拱《こまね》いて死を待つべきであろうか」と訴え、義兵を組織した。これが最初の抗日義兵の決起であった。その当面の目標は郷土防衛であった。

そして倭軍の朝鮮奥地への侵入とともに、各地で抗日義兵の組織がすすんだ。全羅道では高敬命《コギョンミョン》・金千鎰《キムチョンイル》、忠清道では趙憲《チョホン》と僧侶霊圭、京畿道では禹性伝、黄海道では李廷馣・金進寿・金万寿・黄河水、平安道では李柱、咸鏡道では柳応秀・鄭文孚が、それぞれ義兵将となって倭軍と戦ったのである。

同年六月、郭再祐は慶尚道宜寧《イリョン》・三嘉・陜川の地域を取り返し、南江（洛東江の支流）北岸にあたる鼎津の渡場に陣を布《し》き、全羅道を侵犯しようとする安国寺恵瓊《えけい》らの倭軍を阻止した。

郭再祐の決起は慶尚道に在住の両班たちに刺激を与えた。高霊の前工曹佐郎▲金沔、陜川の前掌令▲鄭仁弘、玄風の前郡守▲郭趄・前佐郎朴惺・幼学▲権瀁らは郭再祐に刺激され、民衆を組織して決起した。彼らは党争によって中央政界から排除され、野に下っていた両班たちであった。

全羅道義兵将高敬命《コギョンミョン》は、九一年当時、東莱府使であったが、この頃、政権は西人派から東人派に移った。そのため、西人派に属していた敬命は東莱府使を罷免され、郷里に隠居していた。全羅道でソウル陥落と国王の都落ちを知った成均館学諭▲柳彭老は高敬命を盟主として挙兵をはかった。ここに高敬命は「君父に報ゆるの時なり」と檄《げき》をとばして義兵を決起させたのである。

全羅道義兵将金千鎰《キムチョンイル》もまた高敬命と同じく、西人派に属していた。水原府

▼**佐郎**　六曹の一職（正六品）。

▼**掌令**　司憲府（時政を論じ、百官を糾察する官衙）の一職（正四品）。

▼**郡守**　朝鮮の地方制度は、八道の下に牧・府・郡・県・面・里となっている。郡守は郡の行政の首職（従四品）。

▼**幼学**　両班子弟でいまだ科挙の試験を受けていないもの。

▼**成均館学諭**　成均館は儒学・教育を担当する官衙。学諭はその一職（従九品相当）。

使を最後にして官から身を引き、郷里で弟子を集めて学問を教えていた。倭軍の朝鮮侵略が勃発するや、彼は羅州で義兵一〇〇〇人ほどを募《つの》って決起した。そのさい、彼は判決事に任ぜられ、倡義使《しょうぎし》の称号を賜っている。

このように、全羅道義兵は高敬命を左道義兵将、金千鎰を右道義兵将としてまとまった。そして九二年七月、全羅道義兵は全羅道を侵犯しようとする小早川隆景の倭軍と戦った（錦山の戦い）。この戦いで高敬命は戦死をとげたが、隆景の全羅道侵犯は挫折した。

忠清道義兵将趙憲《チョホン》もまた西人派に属していた。八七年、中央政府の人材登用について批判を展開したため、彼は政敵の策略にかかって官職を罷免《ひめん》された。しかし、罷免されても、日本への通信使派遣反対を上申し、朝廷の失政を指摘した。このため、八九年、咸鏡北道吉州へ配流されたのである。その後、趙憲は忠清道沃川に戻り、「朝耕夜読し、以て生涯と為す」日々を送っていた。そこへ国王の都落ちとソウル陥落の知らせをうけ、僧霊圭《ヨンギュ》とともに公州で義兵を組織したのである。そして九二年八月、高敬命らとともに全羅道侵犯をはかる小早川隆景の倭軍を阻止し、錦山の戦いで義兵僧霊圭とともに戦死をとげた。

▼**判決事**　掌隷院（奴婢の籍簿、奴婢関係の訴訟を扱う官衙）の首職（正三品）。

▼**倡義使**　国家に大乱のある時、義兵を挙げた人を臨時に任命する一職。

義兵の決起はさらに北に広がっていく。京畿道義兵将禹性伝《ウソンジョン》も党争によって下野していた。同年八月、禹性伝は京畿道に義兵を挙げ、江華島で倡義使金千鎰と兵を連ねた。翌九三年一月、禹性伝は義兵二〇〇〇人を率い、二月には都体察使▲柳成龍の指揮のもとに、高陽深岳▲に陣を構えた。同年七月、性伝は慶尚道を南下する倭軍追撃にあたったが、疲労により死去した。

黄海道義兵将李廷馣は倭乱の直前まで吏曹参議▲であったが、その後、その官職から遠ざかっていた。九二年六月、平壌陥落のあと、平壌から黄海道に兵を返した黒田長政は、黄海道で徹底した軍政を強行した。ここにおいて、八月下旬、李廷馣は義兵を組織して決起し、朝廷は彼を黄海道招討使▲に任命した。李廷馣の義兵は黄海道の主要都市海州への要衝をおさえる延安に城を構え、ここで延安の戦いが起こった。この結果、黒田長政は海州を放棄することとなった。

また、加藤清正・鍋島直茂が支配した咸鏡道でも義兵が決起した。先にも述べたように、会寧の土官鞠景仁《ククギョンイン》が朝鮮二王子を捕らえて清正につきだした。これにより、鞠景仁、同じく会寧の土官は鄭守、鏡城の土官鞠世弼らは清正の傀儡《かいらい》となって地域支配にあたった。この咸鏡道は流刑の地であり、さらに女真▲

▼**都体察使**　有事のさい、朝鮮全国の諸将を監督する権限をもつ高官。

▼**高陽深岳**　京畿道高陽郡松浦面南山里。

▼**参議**　六曹の一職（正三品）。

▼**招討使**　反乱者を討伐し、降者を招き撫することを掌する武官。

▼**女真**　中国東北地方の東部を拠点とするツングース族。明滅亡のあと、清朝を建国。

などの他民族も住んでおり、朝鮮国家への反感の強い地域であった。

咸鏡北道では、鏡城の土官鞠世弼が鏡城判官李弘業を捕らえて清正のもとに送った。また、清正と海汀倉で戦って敗走した咸鏡北道兵使韓克誠が女真集落へ逃げ込んだところ、女真は韓克誠を捕らえて慶源に送り、やがて韓克誠は清正の手に渡った。さらに咸鏡道監司柳永立が山峡に逃げ込んだところ、反乱民が倭兵にこれを告げ、柳永立は捕らわれの身となった。

また、咸鏡南道でも侵入した倭軍の傀儡となるものが続出した。鍋島直茂が本陣とした咸興では下級役人の陳大猷が自分の娘を倭軍に与えてその密偵となり、義兵決起の計画があれば、それを倭軍に密告した。また、咸鏡南道甲山に逃げ込んだ咸鏡南道兵使李渾は反乱民に殺され、その首級は清正の軍門に送られたのである。

ここにおいて、九二年十月、柳応秀らは咸鏡南道の咸興で義兵を組織し、倭軍の傀儡となった裏切り者を血祭りにして決起した。

一方、咸鏡北道でも義兵が決起した。同年九月、明軍の朝鮮救援始まるとの知らせが咸鏡北道にも伝わった。ここで咸鏡北道の土兵数百人が団結し、咸鏡

▼**判官**　地方官衙の行政職の一職（従五品）。

▼**海汀倉**　咸鏡北道城津付近。

▼**監司**　観察使の別称、方伯ともいう。一道の行政長官、兵権をも掌握。

▼**甲山**　咸鏡北道に接した山奥。

▼**土兵**　土着の兵卒。

北道評事鄭文孚を盟主として鏡城に迫った。自分自身を「礼伯」と称して鏡城とその領域を支配していた鞠世弼《ククセピル》は勝ち目がないと悟り、鏡城を明け渡して官衙の印を文孚に渡した。

鏡城が義兵の手に陥《お》ちたと知った吉州在番の清正家臣加藤右馬允らは鏡城奪回に向かったが、これは撃退された。そして咸鏡北道の義兵は吉州城攻撃に転じた。

この頃、吉州城の倭軍は城の周辺で略奪を重ねており、義兵らはその帰路を待ち伏せ、長徳山でこれを撃破し、吉州城をとり囲んだ。このため、吉州城の倭軍は燃料の採集もできず、ここに吉州の籠城が始まった。この籠城軍は翌九三年一月になって、ようやく清正に救出された。

咸鏡南北道の義兵闘争はさらに続き、ここに清正・直茂の咸鏡道在番支配は破綻《はたん》していく。そして朝鮮全体の戦局も攻守所を変えることとなり、清正・直茂らの倭軍は咸鏡道から撤退することとなった。

また両班の組織した義兵とは別に、義兵僧の組織もあった。僧統であった西山大師休静は妙香山普賢寺（平安北道寧辺付近にあり）の高僧であり、彼の弟子は

▼評事　「評事」とは「兵馬評事」の略称、兵衛職の一職。咸鏡・平安両道のみに置かれた（正六品）。

▼礼伯　六伯のひとつ。

▼長徳山　吉州の東に位置する。

▼僧統　僧軍を統率するもの。

朝鮮各地の寺院に散在していた。九二年七月、休静は義州の行在所▲で国王に拝謁し、僧軍を率いて国王への忠節を尽すと誓った。ここで国王は休静を八道十六宗都総摂▲に任命し、休静は高弟惟政《ユジョン》を副総摂として、朝鮮各地の寺院の弟子に檄をとばして僧兵一千余人を集めた。そして翌九三年一月の平壌の戦いのさい、休静配下の義兵僧は二千余人に達していた。

制海権を握った朝鮮水軍

一五九二(宣祖二十五)年五月初旬、全羅左水使李舜臣《イスンシン》の率いる朝鮮水軍が巨済島の玉浦▲で倭水軍を撃破した。

同年四月半ば、倭軍が釜山浦に侵入したとの報告を受けた李舜臣は兵船と武器を整え戦略を練って待機した。この間、慶尚左水使朴泓《パクホン》は水営を棄てて逃亡した。また慶尚右水使元均《ウォンギュン》は倭軍と戦っても勝ち目はないと悟り、船と武器を沈めて慶尚南道南海県▲へ逃れようとした。ここで元均の部将李雲龍は、水使には国の重任が与えられており、慶尚右道の水域を死守すべきであること、倭軍が慶尚右道を突破すれば、全羅・忠清両道が危うくなること、今は全羅左水

▼行在所　都を出た国王が駐留するところ。

▼総摂　僧侶の軍営の将。

●—惟政画像

▼玉浦　慶尚南道巨済市玉浦洞。巨済島の東部にある。

▼南海県　巨済島の西、全羅道と接する海上にある南海島。

●──**李舜臣銅像**　釜山にある龍頭山公園にたつ。

▼**合浦**　慶尚南道馬山市山湖洞。

▼**赤珍浦**　慶尚南道統営市光道面。

▼**泗川**　慶尚南道泗川市泗川邑。

▼**板屋船**　朝鮮水軍の船舶には、もともと板屋船(戦船・大船)、挟船(伺挟船・中船)、鮑作船(探候船・小船)の三種類があり、さらに李舜臣の考案した亀甲船(板屋船とほぼ同じ大きさ)があった。

▼**亀甲船**　四五ページ参照。

使李舜臣の来援を請うべきであると直言した。ここで元均は李舜臣に来援を求めることとした。しかし、朝鮮水軍には行動管轄があり、朝廷の命令がなければ、管轄外に配下の水軍を出せないことになっていた。したがって李舜臣も即座に全羅左道の水軍を慶尚道へ出動させなかった。

四月末、「元均と合流して倭船を攻め破れ」という朝廷の命令を受けた李舜臣は配下の全羅左道の水軍と全羅右道の水軍、それに元均の慶尚右道の水軍を合流して、藤堂高虎らの水軍を玉浦で破ったのであった。ついで朝鮮水軍は合《ハプ》浦《ポ》▲・赤珍《ジョクジン》浦《ポ》▲で倭水軍を撃破した。

同年五月末、泗川《サチョン》▲の海戦が始まった。泗川の地形は崖が海にせまる峻嶮《しゅんけん》さを擁しており、倭軍は崖の上で海を見下ろす地点に陣を布き、岸には倭船が停泊していた。戦闘が起こった場合、この配置は朝鮮水軍に不利であった。さらに潮流は引潮になっていて、大型の板屋《ばんおく》船▲が倭船を直撃することは不可能であった。そこで李舜臣は策をめぐらせ、船を沖に退かせた。これを退却とみた倭船は朝鮮船に追撃を加えた。海戦のさなか、潮流が変わり、泗川湾は満潮となり、李舜臣の考案した亀甲船▲が倭軍の船団に突入した。その結果、泗川の倭水軍はかなりの損害をこうむった。このあと、朝鮮水軍は唐浦の海戦で亀井茲矩《これのり》の水軍を、唐項浦で倭水軍（部将名不明）を、栗浦で来島通総・通年兄弟の水軍を撃破した。

倭水軍が撃破されたという知らせは、京畿道龍仁で朝鮮軍を撃破し、意気高揚のさなかにあった脇坂安治のもとにも届いた。安治は龍仁戦捷の余勢を駆って朝鮮水軍を撃つため、慶尚右道に南下し、九鬼嘉隆・加藤嘉明らと合流した。ところが七月初旬、九鬼嘉隆・加藤嘉明らが出船の支度にかかっていたとき、安治は抜け駆けの功名を狙い、自分の手勢のみで巨済島へ出撃したのである。

一方、加徳島や巨済島周辺に倭船が出没するとの報告を受けていた李舜臣は麗水の左水営を発船し、露梁津で慶尚右水軍および全羅右水軍と合流した。そして巨済島から加徳島への水路にあたる見乃梁《キョンネリャン》に向けて発船したものの、東風が強く、船を進めることができなくなり、固城半島の唐浦に停泊した。そこへ民間人が、倭船七十余隻が見乃梁に停泊しているとの知らせを李舜臣に告げた。ここで、李舜臣と元均との間で作戦をめぐって意見が対立した。連戦連勝に気をよくしていた元均はすぐにでも船を見乃梁に進めて倭船を撃つべしと主張し

▼**唐浦**　慶尚南道統営市山陽邑三徳里。慶尚南道固城半島忠武の対岸に位置する弥勒島にある。

▼**唐項浦**　慶尚南道固城郡会華面堂項里。固城半島の頸部にある入江にある。

▼**栗浦**　慶尚南道巨済市長木面大錦里。巨済島の南部に位置する浦。

▼**加徳島**　慶尚南道釜山市江西区加徳島城北洞。

▼**麗水**　全羅南道麗水市。ここに全羅左水営があった。

▼**露梁津**　慶尚南道南海郡雪川面露梁里と慶尚南道河東郡金南面露梁津を挟む海峡。

▼**見乃梁**　慶尚南道巨済市沙等面徳湖里。慶尚南道固城半島の東南、巨済島の西側に位置する海峡。

たが、見乃梁の海峡の狭さと暗礁の多さに慎重であった李舜臣は、倭船を大海におびき出して撃破すべきであると諭《さと》した。しかし、元均はそれを聞き入れなかったため、李舜臣は「あなたは兵法を知らない」と批判した。

李舜臣は倭船を見乃梁の海峡から閑山島の沖合に誘い出すことを考えた。そのため、囮《おとり》船数艘を見乃梁に停泊している倭船に近づけさせた。案の定、倭船は鉄炮を乱射しながらそれを追跡してきた。囮船は退却しながら閑山島沖に倭船を誘い出した。その策に乗った倭軍の船団は閑山島沖に押し寄せてきた。頃合いを見て、李舜臣は島影に待機していた配下の水軍に鶴翼《かくよく》の陣▲を布かせてこれを包囲した。この海戦で脇坂安治はかろうじて脱出することができたものの、脇坂の水軍は壊滅的な打撃をこうむったのである。

また、脇坂安治の抜け駆けを知った九鬼嘉隆・加藤嘉明らは安治の救援に駆けつけようとしたが、衆寡《しゅうか》敵せずと、自軍の劣勢を知り、安骨浦《アンコルポ》▲に引き揚げた。このあと、朝鮮水軍は見乃梁を通過して、安骨浦に碇泊する九鬼・加藤らの倭水軍をも襲撃した。

閑山島沖と安骨浦の海戦が倭水軍に与えた衝撃は大きかった。秀吉は脇坂安

▼**鶴翼の陣**　鶴が翼を広げたように、中央から左右に長く陣翼を延ばし、相手を包囲する陣形。

▼**安骨浦**　慶尚南道鎮海市安骨洞。釜山より海岸線に沿って約二〇キロ、慶尚道鎮海より海岸線に沿って約一五キロの地点にあり、対岸に加徳島がある海上交通の要衝の地。

●—朝鮮水軍の亀甲船　亀甲船は前方に竜頭を設け、その口から大砲を放つことができ、船の背中には刀錐をめぐらし、敵がその上に登れないようになっており、内部から外部を見ることができても、外部から船の内部を窺うことができない構造になっていた。櫓は左右に八本ずつ計一六本あり、櫓一本に二人の格軍(水主、漕ぎ手)がつき、交代要員二人が待機する。一五九五年一月の時点で亀甲船は五艘であった。写真は復元模型。

●—日本軍船の安宅船

治や藤堂高虎らに、海戦を避け、巨済島などの島々に城を築き、そこから朝鮮水軍に砲撃を加えること、釜山浦から慶尚道南岸にかけての地帯の補給路を維持すること、秀吉の指示があるまで朝鮮水軍に戦いを挑んではならぬこと、相手が迫ってきても深追いしてはならぬこと、水主《かこ》の休養など、水軍の戦略変更を命令せざるをえなくなったのである。

明将祖承訓の平壌攻撃とその失敗

倭軍の朝鮮侵犯が始まったさい、朝鮮は宗主国明に救援を願った。当初、明は朝鮮が倭軍の先鋒となって明に攻めてくるのではないかとの疑いを持ったが、論議の末、朝鮮救援にふみきった。その救援は一五九二(万暦二十・宣祖二十五)年六月から始まった。参将戴朝弁、遊撃史儒、参将郭夢徴、遊撃王守官、副総兵▲祖承訓らの遼東の明軍が鴨緑江《おうりょっこう》を渡河したのである。

この遼東兵の救援について、朝鮮内部では「遼東の人間は性格が荒々しく、もし彼らが鴨緑江を渡って我々の国を蹂躙《じゅうりん》すれば、大同江以北の地域(平壌以北)が倭軍の手に陥ってもいないのに、これらの地域はことごとく赤地(草も生

▼**副総兵・参将・遊撃**　明の地方軍制は大きく中軍都督府・左軍都督府・右軍都督府・前軍都督府・後軍都督府・南京衛所親軍衛に分かれ、それぞれの下に都司(左軍都督府の下には、浙江都司・遼東都司・山東都司)が属している。その都司の将軍は総兵・副総兵・参将・遊撃の序列によって編成されている。

えぬ土地)となってしまうだろう」と懸念《けねん》されていた。その懸念が事実となった。鴨緑江を渡河した遼東軍は軍律が弛《ゆる》んでいて、軍馬を民家に乱入させ乱暴狼藉《ろうぜき》を起こしたので、義州の人々は山谷に逃散し、義州の城は空虚となってしまったのである。

遼東兵の朝鮮救援により、朝鮮側は明軍の兵糧と馬糧の調達にあたることとなった。朝鮮の礼曹判書《はんじょ》▲尹根寿が祖承訓を訪ね、朝鮮は明軍の兵糧と軍馬嚮導《きょうどう》の準備にあたることを告げた時、祖承訓は「宗主国明と藩国朝鮮は唇歯《しんし》の国▲、一旦緩急あれば救援するのが当然である」と言った。朝鮮に対するこのような意識は、当然、明兵部のなかにもあった。

明兵部が朝鮮救援を皇帝に進言したさい、「即座に朝鮮に兵を出し、属国▲をねぎらい、門庭▲を固むるべきである」と主張し、さらに「明を防禦するのは門庭の任務であり、藩国朝鮮もその門庭であり、その保護はまた明の宗主国としての地位を維持するものであって、兵禍をこうむった忠順な朝鮮を慰諭《いゆ》し援兵を送ることが藩国を助ける道である」という。ここに明の四夷《しい》▲についての姿勢がみえている。

▼判書　六曹の首職(正二品)。礼曹判書は外務大臣に相当。

▼唇歯の国　利害関係がもっとも緊密な国。「唇亡歯寒」(唇亡びて歯寒し。唇が亡くなると、歯がむき出しとなり寒くなる。互いに助け合う二者の一方が亡びると、他の一方もそれにつけて亡びるという喩え)と同じ意味。

▼属国　この場合は朝鮮をいう。

▼門庭　ここでは明の辺境にあたる異国(四夷)。具体的には朝鮮。

▼四夷　明はみずからを中華とし、周辺の国々を夷狄とした。その夷狄を、方角によって、東夷・西戎・南蛮・北狄の四夷に区別した。

九二年七月、祖承訓・史儒らが小西行長の拠る平壌を攻めて敗北した。これより先、平安北道嘉山に着陣した祖承訓は平壌に倭軍がなお駐屯しているのを知って、「天は我々の成功を助けたのだ」と祝杯をあげた。朝鮮側は「雨のあとであり、路が滑るので急撃は避けた方がよい」と忠告したが、これを無視した祖承訓は平壌城七星門より強行突入した。馬は泥濘《ぬかるみ》に足をとられ、明軍は倭軍の銃撃を浴びて敗北した。将軍のひとり史儒は戦死し、祖承訓は平壌の北方安州▲に逃れ、遼東へ引き揚げようとした。

祖承訓の平壌攻撃失敗は朝鮮側の期待を裏切った。ここで朝鮮側は兵曹参知▲沈喜寿を遼東九連城▲の副総兵楊紹勲のもとへ派遣し、祖承訓に重ねて平壌を奪回するよう願った。ところが楊紹勲は「平壌の敗北は朝鮮側が倭軍に内通したことによる」という報告を信じ、沈喜寿に叱責を加えた。この件につき、朝鮮側はそれは祖承訓の誣告《ぶこく》▲によるものであると反論したが聞き入れられなかった。祖承訓平壌敗北の責任は朝鮮側に転嫁《てんか》されたのであり、明と朝鮮は「唇歯の国」であり、門庭朝鮮が「兵をこうむれば則ち慰諭し、兵を請わば則ち赴援」するという宗主国の建前がその馬脚をあらわしたのである。

▼**安州**　平安南道安州。平壌の北方約六〇キロ。平安北道との境。

▼**参知**　兵曹の一職(正三品)。

▼**九連城**　鴨緑江をはさんで義州の対岸にある明の城。

▼**誣告**　事実を偽って告げること。

平壌の戦いと小西行長の敗走

祖承訓の平壌敗北は明首脳部にとって計算外のことであった。この頃、明は韃靼《だったん》の侵攻対策により財政が逼迫《ひっぱく》していた。北方からの韃靼に加えて、南から侵攻する倭軍にも対峙するには国力に限度があった。このため、兵部尚書▲石星は朝鮮に侵犯した倭軍と和議を結んで事態を解決しようとしたのである。石星は朝鮮の状況を探るものを求めており、これに沈惟敬《しんいけい》が応募した。惟敬は浙江省嘉興の出身であり、市中無頼者といわれている。石星は惟敬を「京営添住遊撃」という名目で朝鮮に送り込んだのであった。

一五九二(万暦二十・宣祖二十五)年八月半ば、明遊撃沈惟敬が皇賜銀をもって義州に来た。朝鮮側に対して、惟敬は「自分は直ちに倭営に行き、罪のない朝鮮に無名の出兵をしたことを責め、朝鮮と明は唇歯の国であり、(倭軍が)撤退しなければ、明は総力をあげて汝らを尽滅《じんめつ》すると威喝《いかつ》しよう」と言った。

九月初め、沈惟敬は平壌城北方降福山下で小西行長と会談した。秀吉が兵を出した理由について、行長は惟敬に「秀吉は明皇帝から封《ふう》▲を受け、通貢《つうこう》▲の許可を求めるため、朝鮮に兵を出した」と説明した。これに対して惟敬は「この地域

▼**尚書**　明の六部の首職(正二品)。大臣・長官に相当。

▼**封**　冊封。明皇帝が周辺諸国の王を明の外藩の国王として認めること。

▼**通貢**　朝貢して誼を通じること。

（平壌）は明の地方であるから、倭軍はここから退去して明の命令を待つべきだ」と答えた。行長は地図を示して、「ここは朝鮮の地ではないか」と反論したが、惟敬は、「（朝鮮は）つねにここ（平壌）で明皇帝の詔書を迎える。だから多くの宮室がある。ここは朝鮮の地であっても、明の境であり、倭軍はここに留まってはならない」と突っぱねた。そして行長のいう封貢要求には皇帝の許可を必要とすると言い、さらに朝鮮は「明の界」＝「門庭」であり、そこから倭軍は退去せよと勧告した。この勧告に行長は、平壌から退出するが、その代わり大同江以南を倭軍の領域とすることを主張した。

この沈惟敬と小西行長の会談により、朝鮮・日本・明三国間に朝鮮領土割譲問題が持ち上がった。この会談の結果、行長の要求した明への封貢につき、惟敬は明皇帝にその許可を得る必要があると述べた。これにより両者の間で五〇日の停戦協定が締結されたが、それは沈惟敬の策略であった。

一方、明皇帝は祖承訓の平壌攻撃失敗にかんがみ、同年八月、兵部右侍郎▲宋《そう》応昌《おうしょう》を朝鮮救援の総指揮官（軍務経略）に、李如松《りじょしょう》を軍務提督に任命し、中央の兵力を朝鮮に派遣することとした。

▼右侍郎　左・右侍郎は明の六部の次職（正三品）。次官に相当。

同年十二月末、李如松は大軍を率いて鴨緑江を渡河した。翌九三年一月初め、李如松は小西行長のもとに、皇帝は和議を許したので、それにつき斧山院で会談したいと伝えた。行長は家臣の竹内吉兵衛らを斧山院に送り込んだ。ここで明側は吉兵衛らに酒をすすめ、酔ったところを明の軍営に拘留した。その夜、数名の倭兵が明の軍営から脱出し、ここで平壌の倭軍は明の大軍の到来を知り、沈惟敬の示した停戦協定が罠《わな》であったことを知ったのである。この時、平壌の倭軍は極度の兵糧不足に陥っていた。

このあと、李如松は約四万の明・朝鮮の兵をもって平壌城を囲んだ。激戦の末、小西行長軍は平壌から脱出した(平壌の戦い)。

「平壌囲まる」、この知らせは中和・黄海一路にある繋ぎの城に在番していた倭軍にとって衝撃であった。当時、黄海道鳳山には大友義統が在番しており、その家臣志賀小左衛門は先手として鳳山の北に在番していた。小左衛門は平壌から脱出した兵から行長戦死との噂を聞き、これを義統に伝えた。これにおびえた義統は鳳山の番城を棄てて逃亡したのである。

一方、行長らは鳳山にたどり着いたものの、鳳山は空虚となっており、やむ

▼**斧山院**　平壌の北、一八キロの地点、順安との間に位置する駅院。

▼**鳳山**　平壌から南へ約六〇キロの地点。平安南道中和を経て黄海道に入り、京畿道開城からソウルへ通じるルートに位置する。

なく行長らは黒田長政の在番する黄海道白川まで退却した。しかし、明軍の追撃がきびしく、行長らは長政とともに小早川隆景・吉川広家の在番する京畿道開城《ケソン》▲へと退却し、さらに隆景らとも合流して、九三（文禄二）年一月半ばソウルへ帰陣したのである。

碧蹄館の戦いと明軍の敗退

平壌の敗北はソウルに在陣する宇喜多秀家・石田三成らの倭軍首脳にも衝撃を与えた。李如松は平壌を奪回した勢いに乗じて南下し、開城に着陣した。ここでソウルに在陣する倭軍の選択路は、ソウルを出て明軍を迎撃するか、ソウルに籠城するか、ソウルから退却するかの三つに一つであった。この時、倭軍の兵糧米は一万四〇〇〇石、兵力全体の二カ月分しかなく、籠城が長期にわたった場合、兵糧不足に陥る危険があった。このため、倭軍の方針は迎撃となったのである。

一五九三（宣祖二十六）年一月末、碧蹄館▲へ偵察に出た倭軍の斥候《せっこう》が明・朝鮮軍の襲撃に遭った。明・朝鮮軍はこの斥候数十名を斬り、残りの倭兵は逃げた。

▼**開城**　京畿道開城、高麗王朝の都の所在地。

▼**碧蹄館**　二一三ページ参照。

これにより明軍は倭軍を軽んじた。この翌日、碧蹄館の戦いが始まる。碧蹄館の地形は北方に恵陰嶺、南方に望客峴と礪石峴をひかえ、東西は丘陵となり、南北に細長く連なっていた。倭軍は兵を三隊に分け、一隊を望客峴に、一隊を望客峴から東の丘陵に、一隊を西の丘陵に配置した。そこへ李如松の明軍が突入した。このとき、李如松の軍には砲兵は後方についており、先頭部隊には火砲がなかった。このため伏兵に囲まれ、袋の鼠となった明軍の先鋒は四散し、李如松は後方へ逃走した。

碧蹄館における明軍の敗北はソウル奪回を心待ちにしていた朝鮮側にとって大きな衝撃であった。柳成龍は李如松に今一度の進撃をしていただきたいと願ったが、李如松は戦意を喪失しており、病いを理由に、任務交替を本国に願い出たのである。

朝鮮軍が勝利した幸州の戦い

碧蹄館の戦いの前、明軍が開城に着陣したとの知らせを受けた朝鮮側全羅巡察使▲権慄《クォンユル》は、北からソウルを攻める明軍に呼応して、南から倭軍を挟撃しよ

▼巡察使　兵乱のさい、道内の軍務巡察する臨時職。観察使が兼務する場合が多い。

●―**幸州山城跡**　京畿道高陽市幸州外洞にある。左後方にみえるのが漢江。

うとはかった。しかし、碧蹄館の戦いで明軍が敗北し、李如松が戦意を喪失したため、独力で倭軍と戦うこととなった。幸州山城に陣を構えた権慄はソウルに迫る勢いをみせた。ここでソウル在陣の倭軍は幸州山城の攻撃にかかる。権慄は幸州山城の周囲に逆茂木《さかもぎ》を設けて、土石を築いてこれに備えた。

一五九三(宣祖二十六)年二月半ば、宇喜多秀家を総大将とする約三万の倭軍が幸州山城に迫った。これに対し、権慄の率いる朝鮮軍は軍民僧兵さらに女性も含めて約一万といわれている。激戦の末、宇喜多秀家・小西行長は重傷を負い、倭軍はソウルへ引き揚げた。この幸州の戦いは、戦意喪失した明軍にかわって、朝鮮の主体的な力量を内外に示したものとなった。

④—日明講和交渉とその破綻

日明和議折衝のはじまり

倭軍と明軍との間で、最初に和議問題がもちあがったのは、一五九二(天正二十・万暦二十)年九月、平壌郊外における小西行長と沈惟敬の会談である。この動きに対し、歴代国王の墓陵《ぼりょう》をあばかれ、国土を荒らされた朝鮮側は反発した。また、宋応昌や李如松など明軍の首脳部も反対していた。ところが碧蹄館の戦いにおける明軍の敗北をきっかけにして、明軍首脳部も和議策に転換していった。一方、倭軍も戦局が攻守所を変えたことにより、和議を望む動きが出てきた。問題はどのように有利な条件のもとに和議をすすめるかにあった。ここで明軍経略宋応昌は荒療治を行った。

九三(宣祖二十六)年三月、宋応昌は配下の兵をソウルに潜入させ、龍山▲にある倭軍の兵糧倉一三カ所を焼討ちしたのである。ここには、先に述べた一万四〇〇〇石、兵力全体の二カ月分の兵糧米が蓄えられていたのである。ここに至って、倭軍は和議に応じないわけにはいかなくなった。

▼龍山　ソウル市龍山区。この龍山倉は漢江に面した地点にあり、もともと朝鮮国家の租税米の蔵所であった。ソウル陥落後、倭軍はその租税米を兵糧にしていたのである。

九三（文禄二）年三月半ば、小西行長と沈惟敬の会談が再開する。惟敬はさきに宋応昌の提示した三条件（倭軍の朝鮮撤退、清正が捕らえた朝鮮二王子の返還、秀吉が明皇帝に謝罪すること）を通告するとともに、「明は四〇万の兵を挙げて、倭軍の前後を遮断し、汝らを攻めるであろう。ここで朝鮮王子を還し、南へ撤退すれば、秀吉に封を与えることもある」と威嚇した。

倭軍総大将宇喜多秀家および石田三成らの朝鮮三奉行は行長の報告を受けた結果、四月初旬、行長と清正がふたたび龍山で沈惟敬と会談することとなった。そこで、清正の捕らえた朝鮮二王子は朝鮮に返すこと、倭軍はソウルから釜山浦まで撤退すること、開城を守る明軍は倭軍のソウル撤退を見て明へ帰国すること、そのうえで明側から和議使節を日本へ派遣することがとり決められたのである。

秀吉の和議条件

一五九三（宣祖二十六）年四月、倭軍はソウルから撤退した。そのさい、明の経略宋応昌は、配下の策士謝用梓・徐一貫らを明皇帝から任命された「明使節」

と偽って倭営に送り込んだ。彼らの目的は日本に渡って、秀吉と名護屋の様子を探ることであった。その真意を知らぬ清正は二王子と二人の「明使節」を監視しながら釜山に向けて南下した。九三(文禄二)年五月、石田三成らの三奉行と小西行長は「明使節」をともなって名護屋に渡った。

「明使節」が名護屋に到着するに先立ち、秀吉は浅野長政・黒田孝高・増田長盛・石田三成・大谷吉継らに宛てて、和議条件と朝鮮における今後の方針について、つぎのような考えを示していた。

(第一条)明皇帝の皇女を日本天皇の后とするよう申し入れること。

(第二条)勘合貿易の再開について申し入れること。

(第三条)明と日本の武官衆は互いに友好を深める旨、その誓紙をとり交わすこと。

(第四条)朝鮮国については、先に渡海した軍勢がこれを平定した。これからは年月をかけて朝鮮の百姓を安住させるため、さらに朝鮮へ兵力を派遣する。この度、明へ要求したことが実現できたら、ソウルから逃亡した朝鮮国王は不届きではあるが、明の立場に免じて、朝鮮都《ソウル》に朝鮮四道をつけて、これを国王に与える。その条件として、朝鮮王子一人とその家老衆を人質として秀吉のもとへ送ること。

(第五条)先に加藤清正が生け捕った二人の朝鮮王子は朝鮮側に返すこと。

(第六条)朝鮮国家老衆は今後とも日本に背かないと誓紙を出すこと。右の趣旨を明勅使に申し渡すこと。

(第七条)牧司城《もくそ》▲(晋州城)の仕寄せ築山▲を申し付け、死傷者を出さないように心がけ、仕寄せ築山を丈夫にして、晋州城の朝鮮軍を一人も残さず討ち果たすこと。

(第八条)晋州城を陥した後、赤国▲(全羅道)を攻略すること。


(中略)

(第一四条)もし明が和議を申し入れてきても、油断することなく、以上の命令を徹底させること。(以下略)

このうち、第一条から第六条までが和議についての腹案である。第七条と第八条は慶尚南道晋州城攻略と、その攻略のあとに予定されている全羅道進撃についての指示である。そして第一四条では、明が和議を申し入れたとしても油

▼牧司城　晋州城のこと。ここで「もくそ」と呼ぶのは「牧使」のことであり、牧使は朝鮮語で「もくそ」と発音する。それを日本側が「木曾」と宛てて呼んだものである。朝鮮の地方制度で「道」につぐ上位の区画は「牧」であり、その行政の首職は牧使(正三品)である。慶尚道の場合、牧使は、尚州牧・晋州牧・星州牧に置かれている。

▼仕寄せ築山　「仕寄せ」は城に攻め寄せること、「築山」は城に突入する足場として土砂を積み上げること。両者あわせて「仕寄普請」という。これにより、城に攻め入る。

▼赤国　秀吉は朝鮮の地図のうち、慶尚道に白色、全羅道に赤色、忠清道と京畿道に青色を塗り、白国・赤国・青国と呼んだ。

断はならぬ、といっている。ここに秀吉は和戦両様の心構えを奉行衆らに示し、そのうえで和議の折衝を進めたのであった。

「明使節」との和議折衝には博多聖福寺の景轍玄蘇《けいてつげんそ》と南禅寺の玄圃霊三《げんぽれいさん》がこれをつとめた。彼らの後ろには相国寺の西笑承兌《せいしょうじょうたい》が控えていた。六月末、秀吉は石田三成らを通じて「明使節」に和議条件七カ条と「大明勅使に対し、告報すべきの条目」を提示させた。その和議条件七カ条の内容はつぎのようなものであった。

(第一条)明皇帝の賢女を迎え、日本の后妃に備えること。

(第二条)日明間の通交が途絶え、近年は勘合が断絶している。改めて官船・商船の往来を実現すること。

(第三条)明と日本の交流関係が変わることのないよう、両国の大官は互いに誓詞を交わすこと。

(第四条)朝鮮について、先に渡海した軍勢が反逆するものを平らげた。今は朝鮮の国家を安定させ、百姓を安住させる必要がある。そのため、有能な部将を派遣するが、明が我々の要求を聞き入れたならば、明の立場を考慮

▼**西笑承兌**　五山の高僧。秀吉外交のブレーン。一五九〇(天正十八)年十一月、朝鮮国王宛の秀吉書翰(秀吉は「日輪の子」であると述べたことの初見)を起草した。

▼**明皇帝の賢女を迎え、日本の后妃に備えること**　「明皇帝の賢女」は明皇帝の皇女＝公主である。「日本の后妃」は日本天皇の后をいう。皇帝の皇女を諸国の王が娶ることを公主降嫁という。

▼**大官**　地位の高い官職。

して、朝鮮の逆意を不問とし、朝鮮八道を分割し、そのうち四道とソウルを朝鮮国王に返還する。また、先に朝鮮は通信使を日本に派遣して誠意を示している。これらの件につき、余蘊《ようん》は四人が口頭で伝える。
(第五条)朝鮮八道のうち四道は朝鮮国王に返還する。その条件として、あらたに朝鮮王子一人と大臣一人を人質として日本へ送ること。
(第六条)去年加藤清正が捕らえた二人の朝鮮王子は沈惟敬をつうじて朝鮮側に返すこと。
(第七条)、朝鮮国王の側近には、今後、日本に背かない旨を誓約させること。
以上の件を四人は大明勅使に説明せよ。
文禄二年癸巳六月廿八日◯(御朱印)
石田治部少輔三成
増田右衛門尉長盛
大谷刑部少輔吉継
小西摂津守行長

この和議七カ条の要点は、明に対しては、明皇帝の公主の日本天皇への降嫁

▼**余蘊**　残りのこと。ここでは和議条件についての詳細な説明をすること。

▼**四人**　石田三成・増田長盛・大谷吉継・小西行長の四人。この文書の宛所はこの四人となっており、彼らが「明使節」と外交の下折衝を行う。

を求めた第一条、勘合にもとづく日明両国の通交関係の復活を求めた第二条にあり、明がそれを聞き入れた場合を前提として、朝鮮に対して、朝鮮八道のうち北四道を朝鮮国王に返還する（換言すれば、朝鮮南四道の日本割譲を求めた）という第四条、その条件として朝鮮王子を人質とするという第五条にある。

つぎに「大明勅使に対し、告報すべきの条目」は前文と本文三カ条からなる。前文は「夫《そ》れ日本は神国也▲」といい、神国日本が戦国動乱に明け暮れていた時に生まれた秀吉は「懐胎の初め、慈母、日輪の胎中に入るを夢みた」。だから秀吉は「日輪の子」であり、自分が天下統一することは天の命令である、という。

そして条目の第一条は、秀吉が明へ横行していた日本の海賊船を取り締まったが、これについて明は謝詞を示していない。これは明が日本を侮《あなど》ったものであり、このため明征服を計画し、朝鮮はこれに協力しようとした、という。

第二条は、朝鮮は日明間の和談を斡旋するといいながら、それを履行《りこう》しなかった。それを糺《ただ》すため兵を朝鮮に出したところ、朝鮮はこれに反抗した、という。

第三条は、明は朝鮮を救援しようとして失敗したが、その責任は朝鮮にある、

▼夫れ日本は神国也　ここで「日本は神国」という場合、その規定について注目しておくならば、かつて一五九一年、インド副王に対日交易は許可するものの、キリスト教は禁止する旨を通告した文書（「富岡文書」）にも、秀吉はその論拠に「日本は神国」であると述べた。その場合、神は天竺では仏法、中国では儒道、日本では神道である、といったが、干戈を交えている明にはこの理屈は通用しない。そこで「国俗は神代の風度を帯し王法を崇ぶ」のが日本の神道である、と苦しい説明をしている。

というものであった。

究極のところ、秀吉は責めを朝鮮に帰したのである。謝用梓・徐一貫らの「明使節」はこれを受け取って帰国した。

晋州の戦いと秀吉のねらい

先にも述べたように、「明使節」の来日に先立って、秀吉は浅野長政らに和議腹案とともに晋州城▲を攻略し、ついで全羅道を抑えよとの指示を出していた。この時、秀吉は平壌の戦いのさい黄海道鳳山の番城を放棄して逃亡した大友義統の臆病をとがめ、その豊後の領知を改易《かいえき》▲処分にした。同様に、鍋島直茂の配下にあった肥前名護屋の波多信時、さらに島津義弘の配下にあった薩摩出水《いずみ》の城主島津忠辰も、軍事行動の怠慢を理由に改易処分にした。秀吉はこのことを諸大名に知らせ、朝鮮軍役を果たさねば改易となる旨を徹底させた。この頃、肥前名護屋に在陣していた出羽山形の城主最上義光《もがみよしあき》は、大友氏らの改易について、明日はわが身にふりかかるかもしれないと恐れている。

ここに改易の恐怖と朝鮮軍役の鞭《むち》が諸大名を巻きこんで、より一層の臨戦態

▼晋州城　現、慶尚南道晋州市にある城。朝鮮第一の名城といわれる。晋州は全羅道へ通じる軍事・交通の要衝である。一五九二(天正二十)年十月、倭軍は晋州城を攻撃したが失敗した。その後、秀吉は晋州城の再攻撃を指令するが、その狙いは、晋州が朝鮮軍の拠点となっていること、さらに穀倉地帯である全羅道を抑えるためには、晋州城を陥すことがその前提であるということであった。

▼改易　領知没収、御家断絶のこと。

●—晋州城の城内

▼**都元帥**　有事の際、朝鮮全国の軍隊を統括する臨時職。

▼**宜寧**　慶尚南道宜寧郡宜寧邑(晋州の東北約二〇キロの地点)。

▼**倡義使**　三七ページ参照。

勢に締めあげていく様子をみることができる。

一五九三(文禄二)年五月、名護屋で「明使節」との和議折衝を進めているかたわら、秀吉は晋州城攻撃の陣立を定めた。鍋島直茂・黒田長政・加藤清正配下の兵力約二万、小西行長・宗義智配下の兵力約二万六〇〇〇、一番備《そなえ》として、宇喜多秀家配下の兵力一万八〇〇〇、二番備として、毛利輝元・小早川隆景配下の兵力二万二〇〇〇、その他を合わせて約九万三〇〇〇の兵力を晋州城攻撃に向けた。

この倭軍の動きに対して、朝鮮側の対処はまちまちであった。都元帥▲金命元と全羅道巡察使権慄は朝鮮の官義兵を率いて宜寧《イリョン》▲に結集した。幸州の戦いで勝利を収めた権慄は直ぐにでも兵を進めることを主張したが、義兵将郭再祐と慶尚道左兵使高彦伯は、倭軍の勢力が強大となっていること、朝鮮側は烏合《うごう》の衆となっており、兵糧も不足していることをあげ、権慄の主張は軽挙盲動《けいきょもうどう》であると決めつけた。これに対し、晋州倡義使▲金千鎰は、晋州城が陥落すれば戦禍は全羅道に及ぶことは必定であるといい、晋州城に倭軍を引きつけてこれを撃退することを主張した。朝鮮側の意見はまとまらなかったのである。

また、明軍はすでに戦意喪失しており、和議を進めている関係上、朝鮮側を救援しようとしなかった。このため、金千鎰は独力で倭軍と戦うこととなった。六月中旬、倭軍は晋州城を包囲し、激戦の末、同月下旬、晋州城は陥落した。秀吉が晋州城総攻撃を命じた意図は、平壌の戦い以来、沈滞していた倭軍の士気高揚と明との和議折衝において提示した朝鮮南四道割譲を既成事実とすることにあった。

倭軍の朝鮮南岸駐屯と降倭

日明講和交渉の前提として、釜山へ撤退した倭軍は、慶尚道南岸一帯に倭城を築き、長期駐屯《ちゅうとん》の構えをみせた。それはつぎのような配置であった。

西生浦城…加藤清正。林浪浦城…毛利吉成ほか。機張城…黒田長政。
釜山城…毛利秀元。東萊城…毛利秀元ほか。加徳島…毛利秀元ほか。
竹島城…鍋島直茂。熊川城…小西行長。安骨浦城…九鬼嘉隆ほか。
巨済島の永登浦など…島津義弘ほか。

ここで巨済島在番となった島津勢の場合をみると、その態勢は、兵力数二〇〇〇人。鉄炮一〇〇挺、鉄炮玉四〇〇〇、それに付随する煙硝・鉛・硫黄、さらに弓矢・刀・鑓《やり》などの武器。非常食として、味噌二五桶(一〇石入り)、塩・昆布・菜種・干飯《ほしいい》・鰯など。備蓄米三〇〇〇石、これらを備えて在番したのであった。

この在番は日明和議折衝の遅滞《ちたい》により、長期にわたった。やがて、倭城在番衆は城廻りの田畠の耕作まで命令されるようになった。「明との和議は実儀とは思われず、それ故、朝鮮は(大陸制覇のために)九州と同様に重要な地点となるので、交替で在番衆を入れ替え、城の周辺田畠の耕作にも精を入れて長期駐屯を心がけよ」という指示が、朝鮮在陣の諸大名に出された。

このような状況のなかで朝鮮在陣衆の逃亡が続出する。これに対し秀吉は、「在番の侍が逃走するとのことだが、通行手形のないものは一切通してはならぬ。不審な者があれば捕らえよ。かれらをかくまった者にも処罰をくわえよ」、「逃亡する家臣があれば御成敗を加えよ。国元へ御用のある者には通行手形をあたえよ」と、厳罰をもってこれに対処するよう指示したが、これは番城から逃亡する倭兵の続出を物語るものであり、かれらの多くは朝鮮・明側に投降した。彼らは降倭《こうわ》と呼ばれている。この状況について朝鮮側の史料は「大量の倭兵が明軍に投降するようになった。倭軍の指揮官らは、これを分かっていても取り締まることができない」と記している。

降倭の中には長陣による厭戦《えんせん》気分と兵糧不足から降倭になったものもいれば、はじめから秀吉の海外派兵に疑問をいだき、積極的に朝鮮側に投降したものもいた。後者の事例としては、倭乱勃発直後、加藤清正の先鋒将であった沙也可《さやか》＝金忠善《キムチュンソン》の場合が知られているが、この事例はきわめて稀《まれ》である。日明講和交渉期、すなわち、朝鮮南部における倭軍の長期駐屯の時期に至ると、降倭は続出するのである。この降倭の中には偽《いつわ》りの降倭もあった。慶尚北道大邱にある明の軍営に偽って投降し、隙をみて明の将軍に斬りかかった者もいた。このため、朝鮮国王はすみやかに降倭を処刑することを臣下に指示している。

しかし、その反面、朝鮮側は降倭の利用についても考えていた。それは降倭に鉄炮の製造技術を朝鮮側に伝習させることであった。倭乱が勃発した直後から、朝鮮側は倭軍の鉄炮の威力と剣術の長技に関心を持っていた。それだけに、降倭を明軍へ献上するよりも、鉄炮製造とその砲術、そして剣術を降倭から学びとろうとした。このため、朝鮮側はこれらの才技にすぐれている降倭に官職を与えたり、犯罪人の女を妻に与えたりして優遇をはかった。ところが、とくに才技を持たない降倭の中には、朝鮮水軍のもとへ送られ、格軍（水主《かこ》）として使役されるものもあった。

偽りの降伏使節

一五九三（文禄二）年六月の時点では、先に述べたように、名護屋では「明使節」と景轍玄蘇・玄圃霊三らが和議折衝を行っていた。また朝鮮では、倭軍が晋州城攻略にかかっていた。それとともに今ひとつ注目すべきこととして、小西行長は沈惟敬《しんいけい》と画策して、家臣内藤如安《じょあん》を偽りの降伏使節に仕立て、「納款《のうかん》表《ひょう》」▲を持たせて明皇帝のもとへ派遣したということがある。名護屋に派遣された宋応昌配下の策士謝用梓・徐一貫らが偽りの「明使節」ならば、内藤如安らも偽りの「降伏使節」である。

沈惟敬に率いられた如安ら一行は七月初旬にソウル、ついで九月初旬には遼東に至った。ところがこの遼東には明の経略である宋応昌がいて、和議実現の

▼**納款表**　「納款」とは誼を通じること、「表」（＝表文）は明皇帝に奉る文書のこと。

ためには「関白降表《こうひょう》」▲が必要であるとして、如安らを遼東に留めた。これより先、宋応昌は慶尚南道熊川に在陣する小西行長に「関白降表」を催促していたのである。ここで沈惟敬は熊川に引き返し、行長とともに「関白降表」を作成して遼東に戻った。

その「関白降表」とは、

①日本は明朝の赤子《せきし》▲になろうとしている。その気持ちを朝鮮をつうじて明に伝えようとしたが、朝鮮はこれを握りつぶしてしまった。秀吉はこれを怨み兵を起こした。

②平壌において小西行長と沈惟敬の間に停戦協定が結ばれ、行長はこれを守ったが、朝鮮は戦争を仕掛けてきた。

③沈惟敬との約束により、日本は城郭・兵糧・(朝鮮の)領土を朝鮮に還した。

④皇帝のもとに内藤如安を送る。如安は日本側の気持ちをありのまま伝えるであろう。秀吉としては、明皇帝から藩王に冊封《さくほう》していただきたい。それが許されれば、今後「藩籬《はんり》▲の臣」として貢物を捧げる。

というものであった。秀吉のあずかり知らぬところでこの「降表」が偽作され

▼**関白降表**　明皇帝に奉る秀吉降伏の表文。

▼**赤子**　皇帝の治下にある臣民。

▼**藩籬**　宮室(明の朝廷)を保衛すること。

たのである。

九四（万暦二十二）年十二月初旬、如安一行は北京に到着し、明皇帝に拝謁《はいえつ》した。そのあと、如安は明兵部からつぎのことを詰問された。

①釜山駐留の倭軍は対馬に留まらず、それぞれの国へ帰ること。
②秀吉には封のほか、別に貢市《こうし》を許さぬこと。
③日本は朝鮮と修好し、ともに明の属国となり、朝鮮を侵犯せぬこと。

この詰問に対し、如安はその場で遵守《じゅんしゅ》を誓った。

ついで如安は明側から、秀吉が朝鮮を侵犯した理由など一六項目にわたって詰問を受けた。この結果、明兵部は秀吉に封を乞う誠情ありと認め、秀吉への封号授与を明皇帝に題奏《だいそう》し、皇帝はこれを許可したのであった。

明冊封使の日本派遣

一五九四（万暦二十二）年十二月下旬、明皇帝は秀吉を日本国王に封ずる誥命《こうめい》および冠服・金印の作成を命じ、対日本冊封使節として、李宗城を正使に、楊方亨を副使に任命した。翌九五年正月末、冊封使一行は北京を出発し、四月初

▼貢市　朝貢とそれにともなう交易。

▼誥命　皇帝が爵位を授けるさいの辞令。

▼司贍寺正　司贍寺は楮貨《ちょか》の製造、地方の奴婢の貢布についての事務を扱う官衙。正はその首職(正三品)。

旬、鴨緑江を渡河して義州に至り、同月末、ソウルに至った。

一方、沈惟敬は冊封使に先んじて、四月初旬、ソウルに至り、朝鮮の司贍寺正▲黄慎に日本への同行を求め、ついで、釜山浦に至って、小西行長と冊封使を迎える準備を整えた。そして行長は冊封使の来日を知らせるため、一度日本に戻った。

また、その後の冊封使の動きをみると、副使楊方亨は、正使李宗城より先に慶尚南道へ来て、慶尚道南岸一帯に築かれている倭城の撤収と倭軍の撤退を要求した。しかし倭軍には完全撤退の意志など毛頭なかった。十月半ば、釜山浦で小西行長・景轍玄蘇と会見した楊方亭は、倭軍が朝鮮南岸から撤退しなければ和議はまとまらないと、さらなる撤退を迫った。

翌十一月末、冊封正使李宗城が釜山浦の倭営に至った。小西行長・寺沢正成・景轍玄蘇らは冊封正使・副使に礼を行い、明皇帝が秀吉にもたらした金印と誥命に拝礼した。そして翌九六(宣祖二十九)年四月、この正使李宗城が逃亡するという事件が起きた。「秀吉には明皇帝の冊封を受ける意志などまったくなく、冊封使が日本へ渡った場合、彼らは拘留されるだろう」との流言が釜山浦一帯に流れた。これにおびえた李宗城は変装して軍営から逃亡してしまったのである。

同年五月、李宗城の釜山浦逃亡により、冊封使の出発はさらに遅れた。明は副使楊方亨を冊封正使に、沈惟敬を副使として、あらためて日本へ派遣することとした。同年六月半ば、副使沈惟敬は正使楊方亨より先に大坂に着き、同月末、伏見城で秀吉に拝謁した。

和議の破綻

秀吉は冊封使の参着に備え、伏見城での武者揃え▲を計画した。しかし、一五九六(文禄五＝慶長元)年閏七月の畿内大地震で伏見城が倒壊し、その計画は中止となり、大坂城が冊封使を迎える場となったのである。

一方、冊封正使楊方亨は、同年六月半ば、対馬に向かった。ここで朝鮮側は行護軍・敦寧都正▲黄慎《ファンシン》を通信正使、大丘府使朴弘長《パクホンチャン》を副使とした通信使節団を構成して楊方亨に随行させた。

同年閏七月(明暦八月)中旬、黄慎一行は対馬の府中に着き、明皇帝の誥命を

▼**武者揃え**　本来、出陣のさい軍勢を揃えることであるが、ここでは冊封使に閲兵させ、その武威のほどを示そうとするもの。

▼**敦寧都正**　「敦寧」は敦寧府(王室の外戚を統領する官衙)。都正はその一職(正三品)。

持参する明中軍李大諫（沈惟敬配下）と合流した。秀吉に宛てる誥命は、李宗城が棄てたため、北京であらたに作成されたものであった。この朝鮮通信使一行が堺《さかい》に着いたのは八月中旬であった。ところが秀吉は朝鮮通信使の接見を許さなかった。

　通信正使黄慎と副使朴弘長はそれぞれ日本往還日記（「東槎録」）を遺しているが、副使朴弘長の日記によると、当初、秀吉は通信使の来たことを喜び、冊封使とともに朝鮮通信使にも会うつもりであったが、正使黄慎の日記によると、そのあと変心▲し、通信使との接見を許さなくなったという。その場合、小西行長が黄慎に伝えたこととして、①秀吉は朝鮮を通じて明と友好関係を求めようとしたが、朝鮮はそれを果たさず兵をあげたこと、②明の沈惟敬は日本と朝鮮の間の調停にあたったが、朝鮮はそれを拒否し、沈惟敬に恨みを抱いたこと、③当初、明の正使であった李宗城が釜山から逃亡したのは、朝鮮人が彼を驚かせたからであること、④冊封使が渡海してから、朝鮮通信使はやむなくその跡を追い、遅れて日本へ来た。そればかりでなく人質の王子（秀吉の提示した和議条件第五条に示した）を連れて来なかったことなどがその理由であるという。や

▼秀吉の変心　最初は明使節とともに朝鮮通信使にも会うといいながら、その後秀吉の態度が急変したのはなぜか。それについて、小早川隆景が島津義弘に「明使節の申され様が悪く」和議破綻となり、朝鮮王子を人質に出さなかったことを理由に、秀吉は朝鮮再派兵を命じたといっている。この「明使節の申され様が悪く」に秀吉の態度急変の理由があるように思われる。これまで和議折衝の中で明側は釜山一帯に駐屯する倭軍の撤退を強くせまっていたのであり、明使節も釜山できびしくそれを要求した。推測の域を出るものではないが、「明使節の申され様が悪く」とはこのことではないのだろうか。秀吉とすれば、朝鮮からの全面撤退は政権の破綻に結びつくものであり、朝鮮再派兵こそ政権存続の道であった。

里之關懇
求内附情
既堅於恭
順恩可靳
於柔懷茲
特封爾為
日本國王
錫之誥命

●――豊臣秀吉宛明王国書（部分）

がてこれが朝鮮再派兵の口実となる。

同年九月一日、冊封使楊方亨・沈惟敬らは大坂城で秀吉に拝謁し、明皇帝からの誥命・金印・冠服を進呈した。事件はその翌二日に起きた。秀吉は冊封使を大坂城に饗応《きょうおう》し、その席にて西笑承兌に明皇帝の誥命を読みあげさせた。その誥命には「茲《ここ》に特に爾《なんじ》を封じて日本国王と為す」の語があるものの、秀吉が提示した和議条件七カ条についての回答は一言もなかった。秀吉は激怒し、ここに日明講和交渉は破綻したのである。

⑤―丁酉倭乱（第二次朝鮮侵略）と侵略の終焉

倭乱の再開と朝鮮・明の対処

和議の破綻により、秀吉は朝鮮再派兵を決意し、一五九七（慶長二）年二月、朝鮮再派兵の指示を出した。それによると、戦略の基本方針は、慶尚道南岸にある倭城の備えを固め、朝鮮の穀倉地帯である全羅道攻略に当面の狙《ねら》いを絞り、ついで忠清道、さらに京畿道へと進撃せよというものであった。これは日明和議折衝のさいに秀吉が提示した朝鮮南部の割譲《かつじょう》を実力で強行しようとするものにほかならなかった。ここに明征服を目的とした第一次侵略の場合と異なって、第二次侵略の目的が朝鮮南部の奪取にあったことが分かる。

この頃、朝鮮では水軍の名将李舜臣《イスンシン》が冤罪《えんざい》により投獄されるという事件があった。李舜臣は、九三（宣祖二十六）年八月、全羅左水使から慶尚・全羅・忠清三道水軍を統括する三道水軍統制使となっていた。一方、元均は慶尚右水使の任を解かれ、九五年二月に忠清兵使となり、その後、全羅道兵使に転任した。九六年十一月、日明間の和議折衝が破綻し、秀吉に朝鮮再侵計画ありとの通

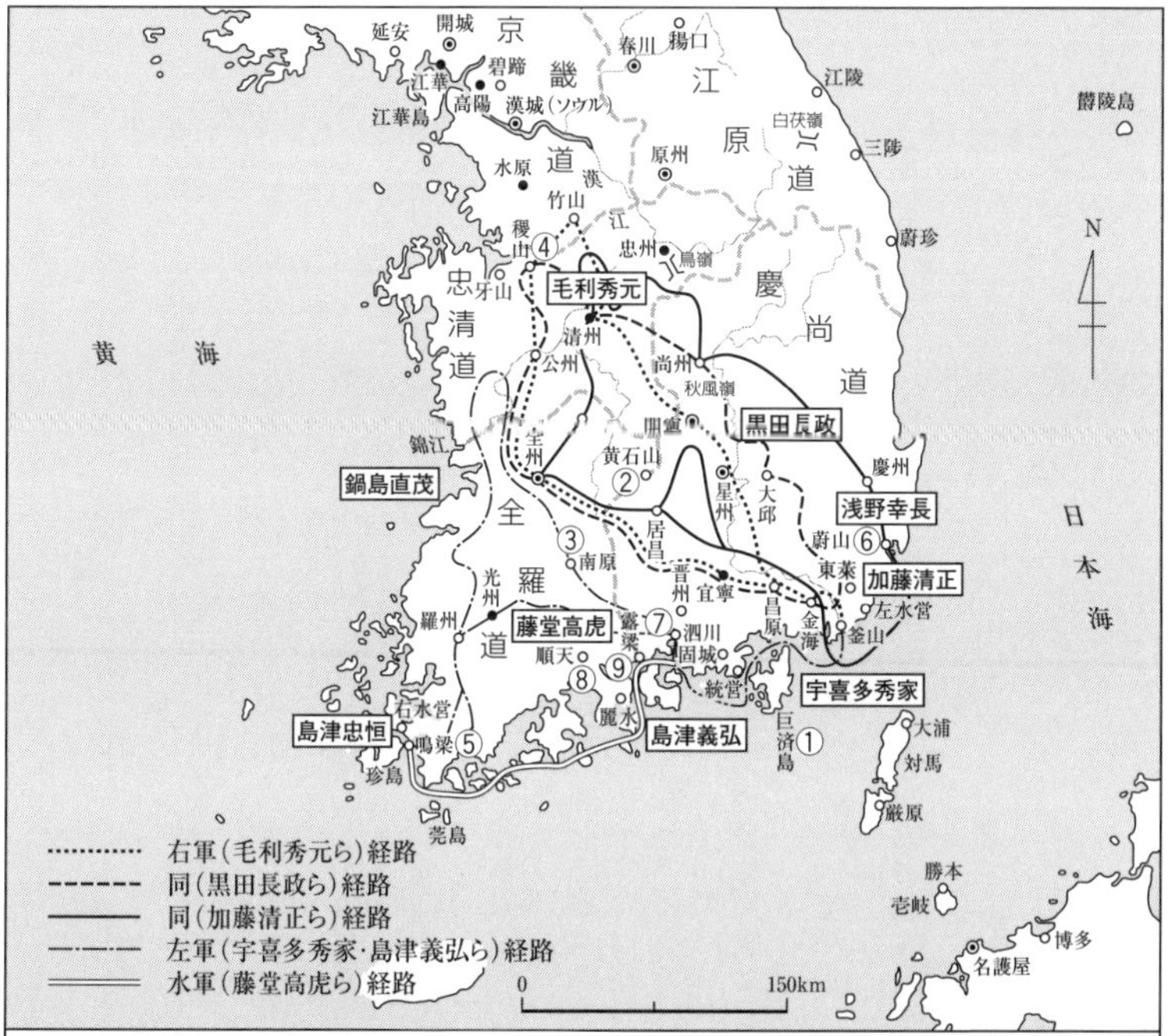

主な戦い			
	①巨済島の海戦	1597年 7月14～16日	
	②黄石山の戦い	8月16日	
	③南原の戦い	8月16日	
	④稷山の戦い	9月7日	
	⑤鳴梁の海戦	9月17日	
	⑥蔚山の籠城	12月22日～1598年1月4日	
	⑦泗川の戦い	1598年 10月1日	
	⑧順天の戦い	10月2～4日	
	⑨露梁津の海戦	11月19日	（月日は現地の暦）

●——第二次朝鮮侵略関係略図

報が朝鮮国王のもとに届いた時、国王は領議政柳成龍らの大臣・堂上官らと防備策の検討に入った。その場で国王は李舜臣と元均▲の将としての才能について意見を求めた。李舜臣は東人派の領袖柳成龍の推挙によって水軍の将に抜擢されており、一方、元均は西人派の人脈と繋がっていた。東人派の大臣らは李舜臣を高く評価し、元均は水将として不適格であると述べたが、西人派の大臣は元均を水将に再起用し、李舜臣と対等の地位に置くことを望んだ。

　ここに朝鮮水軍の司令官をめぐって東人派と西人派の党争がまたもや頭をもたげてきた。それにつぎの事件が油をそそぐ。

　九七年一月、加藤清正と不仲であった小西行長が通事要時羅を慶尚右兵使金応瑞のもとへ遣わして、倭軍の情報を流した。それは、①和議の破綻は清正が戦いを主張したことによるものであること、②そして、清正の行動日程と停泊する島を知らせ、清正が上陸する前に、朝鮮水軍が清正を襲撃するのがよい、ということであった。金応瑞は、これを国王のもとへ通報した。国王は黄慎▲を閑山島の李舜臣のもとへ遣わし、この作戦を命じた。しかし、情報の出所を聞いた李舜臣は「倭軍は変詐▲《へんさ》に充ち満ちており、必ず海路に伏兵を設けているは

▼**李舜臣と元均**　閑山島の海戦の戦術について、二人の意見対立があり、その頃から両者の不仲があらわとなっていた。

▼**黄慎**　日明和議破綻のさい、明の冊封使に通信正使として同行した人物。

▼**変詐**　欺瞞と偽りに満ちた策略。

ずだ。その策に乗れば、術中に陥る」と、これを拒絶した。さらに李舜臣は都元帥権慄の説得をも拒否した。このため、小西の策を知らなかった清正は多大浦前洋から西生浦に上陸することができたのである。これにより、李舜臣は朝命無視の罪によって投獄され、朝廷は元均を水軍統制使に任命したのであった。李舜臣の逮捕と更迭《こうてつ》については、朝鮮朝廷内部は賛否両論に分かれた。その結果、李舜臣は罪一等を減ぜられ、都元帥権慄のもとに白衣従軍▲することとなった。

　このような李舜臣の冤罪問題を内部に抱えながら、朝鮮側は防倭態勢を整えた。同年一月末、領議政柳成龍は京畿・黄海・忠清・慶尚四道都体察使として、京畿道の南漢山城・竹山・安城・水原・江華などの防備を調べ、鳥嶺▲・竹嶺▲などの防備を強固にした。

また、南原《ナムウォン》▲では、周辺の村々から米・大豆を南原城の裏手にある蛟龍山城《キョリョンサンソン》へ運びこみ、すべての人民を南原の城内に入れた。同様に、他の各道の山城も同じ処置をとり倭軍の再侵に備えたのであった。

　一方、明にはどのような動きがあったのだろうか。九六(万暦二十四)年十一

▼白衣従軍　朝鮮軍の兵卒は白衣を着る。白衣従軍とは将軍・将校などが罪により一兵卒となって従軍すること。

▼鳥嶺　忠清北道忠州より慶尚北道聞慶へ通ずる嶺。

▼竹嶺　忠清北道忠州の東に位置する丹陽から慶尚北道栄州および安東へ通ずる嶺。

▼南原　全羅南道南原市。慶尚道へ通じる全羅南道の要衝。

月、「秀吉は冊封を受けた」という知らせが明皇帝のもとに届いた。そして翌九七年一月、楊方亨および沈惟敬からの報告と日本国王豊臣秀吉の謝恩表の三通が北京に届いた。楊方亨と沈惟敬の報告は、大坂城で秀吉に誥命・金印・官服を与え、秀吉は封を受けたというものであり、秀吉の謝恩表は中華の盛典、誥命・金印などを賜り恩寵《おんちょう》を謝すという内容であった。これにより秀吉への冊封は完了したものとみなされた。この三通は楊方亨と沈惟敬が釜山から送ったものである。この場合、秀吉の謝恩表は偽作であることはいうまでもない。

この報告と謝恩表が届いたあと、朝鮮国王から「倭軍が再び攻めてくるので救援してほしい」との通報があった。この時、楊方亨はまだ北京に戻っていなかった。ついで同年二月、朝鮮の使節が北京に来て、和議は破綻し、秀吉は激怒して朝鮮再派兵を命じ、清正らはすでに朝鮮に迫っていることを訴えた。楊方亨が北京へ戻ったのはこのあとである。彼は和議破綻の顚末を告白し、罪を沈惟敬になすりつけた。ここで明皇帝は秀吉の提示した和議条件七カ条を初めて知って激怒し、兵部尚書石星を解任して獄に下し、楊方亨もまた獄に下し、沈惟敬は追われる身となった。

事、ここに至って、明は兵部左侍郎邢玠を朝鮮救援の軍務経略、武官麻貴を提督に任命するなど、倭軍の朝鮮再侵に備える態勢を固めたのである。

明軍が朝鮮に再び救援軍を出すことは、兵糧の供給などにより、朝鮮の民の疲弊を招くこととなる。ここに朝鮮側の悩みがあった。そのためには、倭軍の海路を遮断し、上陸させないことが上策であった。

九七年七月、釜山沖に集結した多数の倭船が、熊川から巨済島に迫った。統制使元均は配下の水軍を率いて、巨済島漆川梁で戦ったが敗死し、朝鮮水軍の船舶は慶尚右水使裴楔が敵前逃亡したさいに率いていた一二艘のみとなった（巨済島漆川梁の海戦）。そして水軍の拠点であった閑山島も倭軍の手に陥ちたのである。

南原の戦いと朝鮮民衆の鼻切り

巨済島漆川梁海戦のあと、倭軍は総大将小早川秀秋を釜山浦に留め、軍全体を左右二手に分け、慶尚・全羅・忠清三道へ兵を進めた。宇喜多秀家を大将とする左軍は慶尚道から全羅道南原に迫る。また毛利秀元を大将とする右軍は慶尚道を北上して忠清道へと兵を進めた。

漆川梁の海戦のあと、慶尚道固城に上陸した倭の左軍は、一五九七（宣祖三十）年八月初旬、慶尚道昆陽から露梁に進み、朝鮮農民の殺掠《さつりゃく》・焚蕩《ふんとう》・鼻切《はなぎ》り▲をほしいままにし、先鋒は全羅道から慶尚道へ通じる軍事・交通の要所である南原に迫った。

これより先、明副総兵楊元は遼東兵を率いて南原の防禦にあたった。ここで楊元は、南原城の西北にある蛟龍山城を守ろうとする朝鮮側の意見を抑えて、南原城の修復を急がせた。女牆《ひめがき》を倍の高さにし、濠《ほり》を深くして羊馬牆《ようばしょう》を設けて、倭軍の襲来に備えたのである。

八月半ば、倭軍は南原城の四方をとり囲み、袋の鼠となった明・朝鮮軍めざして突入を敢行した。激戦のすえ、敗色濃厚とみた明軍副総兵楊元はまっ先に南原城を脱出し、南原城を守る朝鮮軍のほとんどは戦死した。

この南原の戦いでは大量殺戮《さつりく》と徹底した鼻切りが行われた。殺戮の様子については、僧侶慶念《きょうねん》▲の「朝鮮日々記」がリアルに物語っている。

（慶長二年八月）十六日ニ城の内の人数男女残りなくうちすて、いけ取物

▼**鼻切り**　首のかわりに鼻をとる風習は日本の戦国時代にもあったが（「雑兵物語」）、これが壬辰倭乱では朝鮮の非戦闘員にまで及んだ。この点が日本の戦国時代の鼻切りとは違っていた。そのさい、殺されたものはもちろんのこと、生きているものからも、その鼻を切ったのである。そのため、壬辰丁酉倭乱のあと、鼻のない人がたくさんいたという。

▼**慶念**　慶念は豊後臼杵安養寺の住職であり、秀吉の軍目付臼杵城主太田一吉の依頼により、医僧として従軍した。当時、日本の医師は京都・奈良に集中しており、辺境地域では僧侶が医師も兼ねたようである。朝鮮に従軍した慶念は、日々の出来事を和歌に詠じた歌日記（「朝鮮日々記」）に遺している。

ハなし、され共少しとりかへして有る人も侍りき、
むさん(無惨)やな、知らぬうき世のならひ(習)とて、男女老少死してうせ(失)けり、
同十七日ニきのふ(昨日)まてハし(死)すへき事もしら(知)す、けふ(今日)ハ有為転変のならひ(習)
なれハ、無常の煙と成りし也、よそにやハある、
たれも見よ、人のうへとハいひかたし、けふ(今日)をかきり(限)の命なりけり、
同十八日ニ奥へ陣かへ(替)也、夜明て城の外を見て侍れハ、道のほとりの死
人さこ(砂)のこと(如)し、め(目)もあてられぬ気色也、
なんもん(南原)のしろ(城)をたち(立)出見てあれハ、め(目)もあてられぬふせい(風情)成りけり

また、鼻切りについては、秀吉が島津義弘・忠恒父子に宛てた朱印状の中にそれをみることができる。

八月十六日の注進状、御披見を加えられ候、赤国(全羅道)の内、南原城、大明人楯て籠るに付て、去る十三日に取巻き、同十五日の夜落居せしめ、其の方手前▲首数四百廿一討ち捕り、即ち鼻到来、粉骨の至に候、最前、番船▲伐り捕り、度々の手柄、比類無く候、弥《いよい》よ、先々動《はたら》きの儀、各々申し談じ、丈夫▲に申し付くべき事肝要に候、猶お増田右衛門尉(増田長盛)・長束

▼**其の方手前**　「手前」には「領分」「自分のもと」の意味がある。ここでは島津の軍兵。
▼**番船**　朝鮮水軍の船。
▼**丈夫**　壮健であること。

●—黒田氏宛鼻受取状

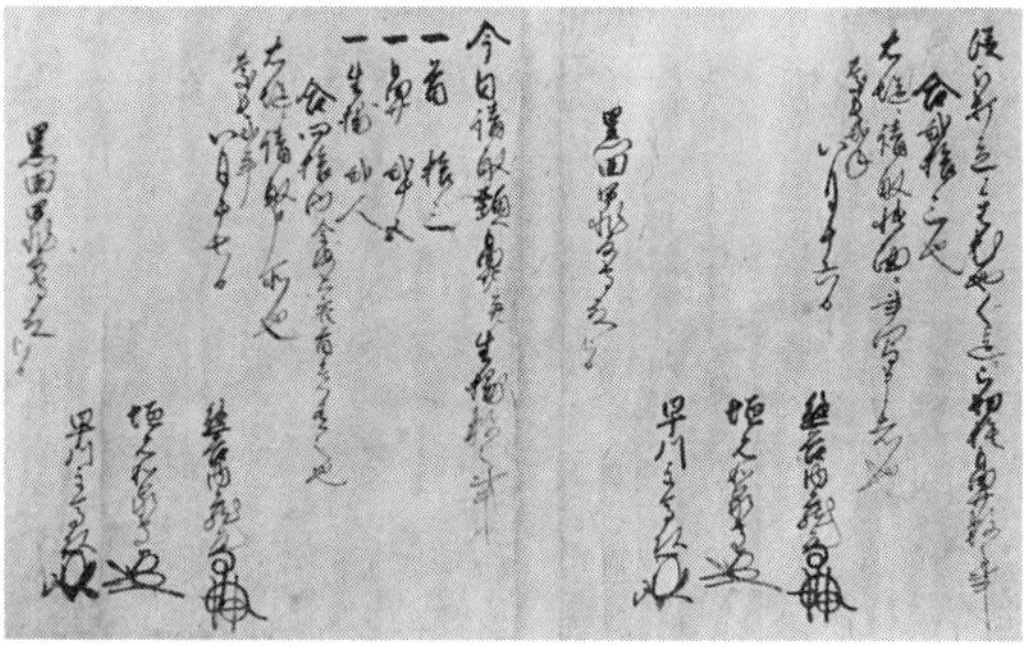

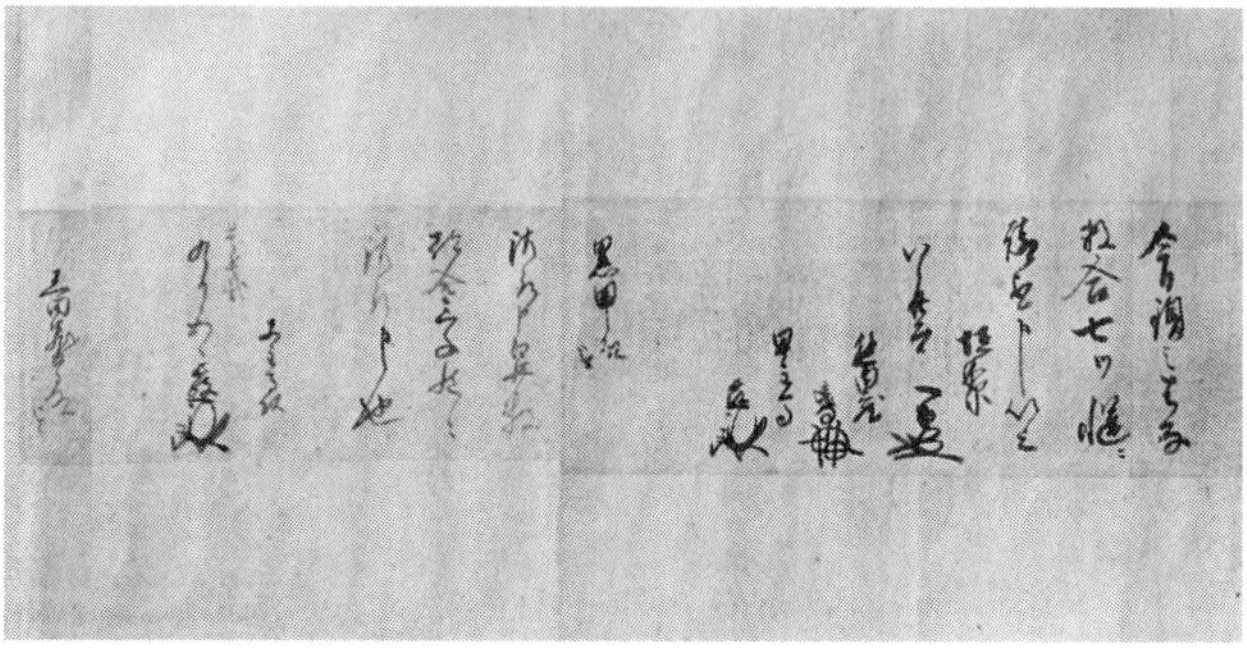

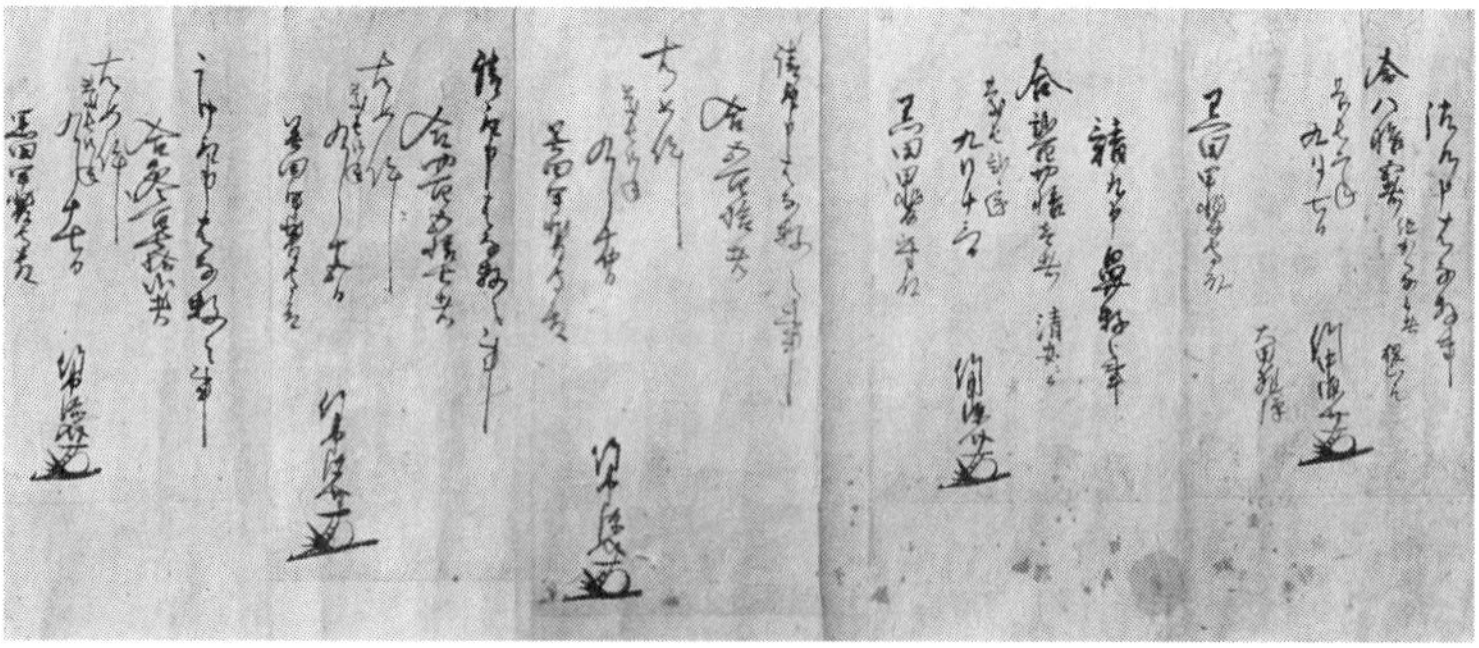

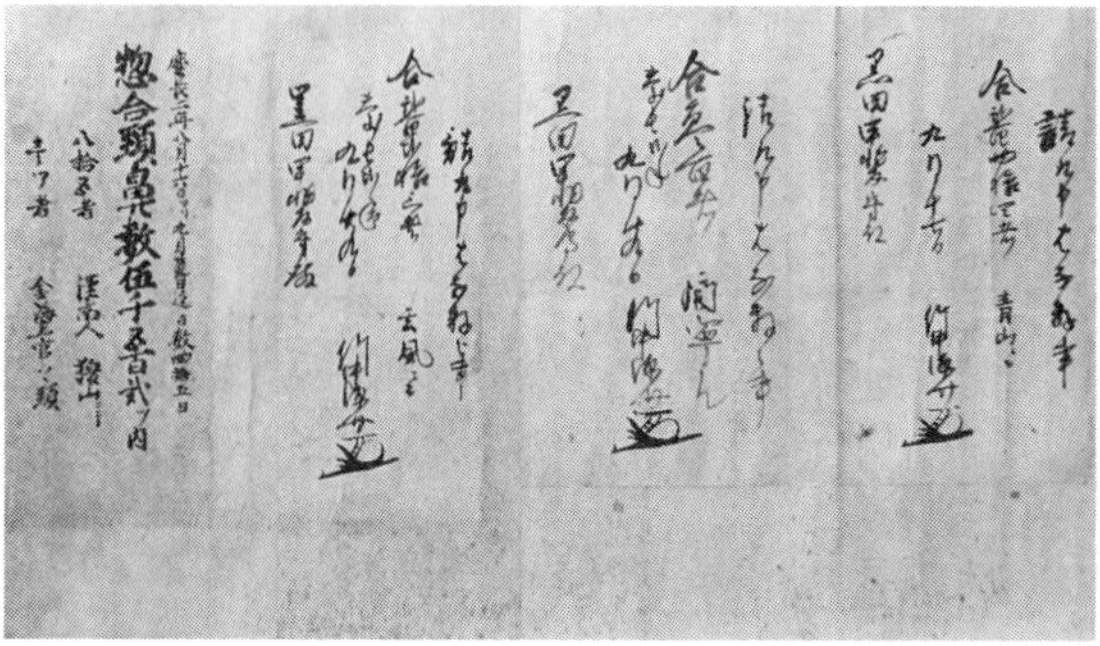

●黒田氏宛鼻受取状(読み下し)

打立られ候よりはむやぐ〔咸陽〕①迄ニ切捨てらる鼻数の事、合弐拾三也。右慥《たしか》に請取り帳面に書写し申す者也

慶長弐年
八月十六日
熊谷内蔵允(花押)②
垣見和泉守(花押)③
早川主馬頭(花押)④
黒田甲斐守⑤殿
まいる

今日請取る頸鼻幷《なら》びに生捕り数の事
一、首　拾三
一、鼻　弐拾五
一、生捕　弐人
合四拾内、金海⑥上官⑦の首壱ツ之れ有る也。右慥に請取り申す所也

慶長弐年
八月十七日　熊谷内蔵允(花押)
垣見和泉守(花押)
早川主馬頭(花押)
黒田甲斐守殿
まいる

今日、頸のはな(鼻)、都合七ツ慥ニ、請取り申し候以上

八月廿二日
垣和泉⑧
一直(花押)
熊内蔵⑨
直盛(花押)
早主馬⑩
長政(花押)
黒甲殿⑪
まいる

請取り申す鼻数、都合三千慥に、請取り申し候也

慶長弐
九月五日　早主馬頭
長政(花押)
黒田甲斐守殿
まいる

①咸陽。現、慶尚南道咸陽郡咸陽邑。
②熊谷半次郎直盛。秀吉の軍目付。
③垣見弥五郎一直。秀吉の軍目付。
④早川八郎長政。秀吉の軍目付。
⑤黒田長政。
⑥現、慶尚南道金海市
⑦役人
⑧垣見和泉守
⑨熊谷内蔵允
⑩早川主馬頭
⑪黒田甲斐守殿

請取り申すはな数の事、合八拾五、但かくなミ①者《なり》、稷山②にて

慶長二年
九月七日　竹中源介(花押)③
太田飛驒④
黒田甲斐守殿

請取り申す鼻数の事、合弐百四拾壱者。清安⑤にて

慶長弐年
九月十三日　竹中源介(花押)
黒田甲斐守殿

請取り申すはな数の事、合五百拾者。右、件《くだん》の如し

慶長弐年
九月十四日　竹中源介(花押)
黒田甲斐守殿

請取り申すはな数の事、合四百五拾七者。右、件の如し

慶長弐年
九月十五日　竹中源介(花押)
黒田甲斐守殿

うけ取り申すはな数の事、合参百七拾弐者。右、件の如し

慶長弐年
九月十七日　竹中源介(花押)
黒田甲斐守殿

請取り申すはな数の事、合弐百四拾四者。青山⑥にて

九月十七日　竹中源介(花押)
黒田甲斐守殿

請取り申すはな数の事、合参百者。開寧⑦にて

慶長弐年
九月十九日　竹中源介(花押)
黒田甲斐守殿

請取り申すはな数の事、合弐百弐拾三者。玄風⑧にて

慶長弐年
九月廿九日　竹中源介(花押)
黒田甲斐守殿

慶長二年八月十六日ヨリ九月廿九日迄、日数四拾五日
惣合頸鼻数伍千五百弐ツ内
八拾五者　漢南人　稷山ニテ
壱ツ者　金海上官之頸

①漢南。ここでは明兵をいう。
②現、忠清南道天安郡稷山面。
③竹中伊豆守隆重。秀吉の軍目付。
④太田飛驒守一吉。秀吉の軍目付。
⑤現、忠清北道清原郡清安面。
⑥現、忠清北道沃川郡青山面。
⑦現、慶尚北道金陵郡開寧面。
⑧現、慶尚北道達城郡玄風面。

大蔵大輔（長束正家）・徳善院（前田玄以）・石田治部少輔（石田三成）申すべき
候也、

九月十三日◯（秀吉朱印）

羽柴兵庫頭（島津義弘）とのへ

羽柴又八郎（島津忠恒）とのへ

これとほぼ同文の朱印状は、例えば藤堂高虎にも宛てられている。

この朱印状は、漆川梁で朝鮮水軍を撃破したこと、それにつぐ全羅道南原城の戦功、ことに首四二一を取り、その鼻が秀吉のもとに到来したことをたたえたものである。

ところで、この鼻切りについては秀吉の指示があった。秀吉は小早川秀秋らの出陣のさい、「年々兵を発し、朝鮮人を皆殺しにして、朝鮮を空地とせよ。（朝鮮人の）鼻を割《さ》いて首級の代わりとせよ」と命令している。また、太田一吉の家臣大河内秀元の日記には、「異国軍兵ノ頸塚ヲ日本ニ仰付ラルベキ事、且ハ和漢後記▲ノタメ也、然ラバ則チ、戦場ノ高名ハ云ニ及バズ、老若男女僧俗ニ限ラズ、賤山カツ▲ニ至ル迄、普ク撫切テ首数ヲ日本へ渡スベキ者也」とある。

▼**和漢後記**　「和漢」は日本と中国。「後記」は将来に残る記録。

▼**賤山カツ**　下賤なものや木こり。

▼**大名家の鼻請取状**　現存する鼻請取状によれば、吉川広家が総計一万八三五〇、鍋島勝茂が総計五〇四四、黒田長政が総計五四八七である。他の諸大名家の文書には鼻切りについての感状はあっても、請取状が残っておらず、鼻切り全体の数は明らかでない。

●**―耳塚(鼻塚)**　京都市方広寺前。

この鼻は塩漬けにして石灰をまぶし、壺や桶に詰めて秀吉のもとに送られたのである。

鼻切りはこの方針にもとづいて、朝鮮に在陣する諸大名とその家臣に強制されたのである。家臣たちは鼻を大名のもとへ差し出し、鼻請取状をもらう。これが戦功のあかしとして、家臣たちの知行加増をもたらす。諸大名はその鼻を秀吉の軍目付に差し出し、鼻請取状▲をもらう。これが大名家の戦功のあかしとなる。

九七(慶長二)年九月末、秀吉は京都方広寺で鼻塚の施餓鬼を行った。その供養導師は西笑承兌であった。その供養の卒塔婆《そとば》は承兌が書いた。それは秀吉が明・朝鮮の戦士に慈悲を施し、その霊を供養するものとしたが、その鼻は朝鮮の老若男女らの庶民のものまで含んでおり、施餓鬼は秀吉の「慈悲」を示す虚構の供養であった。

これまで述べた左軍の軍事行動とは別に、右軍はどのような動きをとったのであろうか。右軍の先鋒加藤清正は、同年八月半ば、慶尚南道居昌から全羅北道全州への要衝にあたる慶尚道黄石山城《ファンソクサンソン》を攻略し、これを陥した(黄石山の戦い）。また、同年九月初旬、黒田長政は忠清南道稷山《チクサン》▲に迫り、ソウルを窺《うかが》う気配をもみせた。この時、明副総兵解生も稷山に兵を配置しており、ここに両軍激突となったが、決着はつかず、双方ともかなりの死傷者を出し、両軍とも引き揚げた。

反撃に転じた朝鮮と明

巨済島漆川梁《チルチョンリャン》の海戦で元均が敗死したことにより、一五九七（宣祖三十）年七月、李舜臣は水軍統制使に再任された。同年八月、南原の戦いに参戦した藤堂高虎らの水軍は、全羅道を平定するため、倭船を擁して全羅道南岸を西へ向かった。これは陸地を進撃する島津らと呼応しようとするものであった。

そして九月半ば、藤堂高虎・加藤嘉明・脇坂安治・来島通総・菅達長・波多信時、それに軍目付の毛利高政らの率いる兵船一三三艘の倭船が鳴梁《ミョンリャン》海峡▲に迫ってきた。

これに対し、朝鮮水軍の陣容は、漆川梁海戦のさいに遁走した慶尚右水使裴《ペ》楔《ソル》が率いてきた一二艘の兵船と、それに鹿島万戸宋汝悰の戦船一艘を合わせた

▼**稷山**　忠清南道牙山郡稷山面。

▼**鳴梁海峡**　全羅南道海南郡門内面鳴梁洋と全羅南道珍島郡郡内面鹿津を挟む海峡。

●——鳴梁海峡

●——鳴梁の海戦碑

一三艘であった。鳴梁海峡は、朝鮮半島の西南端と珍島の間の海峡である。ここは潮流が早く、潮の満ち引きには渦を巻く。李舜臣は、朝鮮水軍が船数において優る倭軍と正面から戦うのは無理だと考えた。そして、鳴梁海峡の西側（倭船は東から攻めてくる）に漁船を兵船に偽装して布陣させた。

海戦が始まったころ、潮流は東から西に向かい、朝鮮水軍にとっては逆流となっていた。舜臣は海峡の中流に船を連ねて碇《いかり》を下ろし、船が流されるのを防ぎ、倭船を迎撃した。倭船は山を圧するように襲来したが、戦闘が続くさなか、潮流が西から東へと変わったのである。攻守所を変えた朝鮮水軍は潮流に乗って逆襲した。倭軍は多くの兵船を失って敗退した（鳴梁の海戦）。

一方、明軍の動きをみると、九七年十一月末、明経略邢玠がソウルに着陣し、約四万の兵力を左軍・中軍・右軍に編成した。これには朝鮮軍も加わった。そして、清正の拠点となっていた蔚山を集中攻撃する態勢を整えたのである。

この頃、清正の倭軍は黄石山の戦いのあと、忠清道に入り、その後、慶尚道を南下し、十一月、慶尚南道蔚山の築城にかかった。蔚山は釜山浦から古都慶州に通じる軍事・交通の要衝のひとつであった。秀吉は清正らに蔚山に倭城を築き、この地点のおさえとすることを命じたのである。普請の規模は本丸・二の丸・三の丸をもつ壮大なものであったが、この普請の進行中に、明・朝鮮の連合軍がこの城を包囲したのである。そのため、清正らは戦闘しながら城普請をすすめたのであった。

その普請の様子については、慶念の日記がリアルに記している。それによると、普請には日本から動員された大勢の鍛冶・大工が朝から晩まで突貫工事にあたり、雑役夫（陣夫役）として徴発《ちょうはつ》された日本の農民も、夜明けから星の出るまで城普請の材木採りに駆り立てられた。材木採りの場合などは、蔚山城の周辺にひそむ朝鮮ゲリラの襲撃を受けることもあり、その労役を怠ったり、あるいは逃亡したものには、首枷《くびかせ》をかけたり、焼きごてをあてるなどの折檻《せっかん》が加えられた。彼らにとって、これは恐怖のどん底だったのである。

また、このような突貫工事が進む中で、人買い商人もあらわれる。この人買い商人は倭軍のあとについて朝鮮各地をまわり、朝鮮人を奴隷として買いあさったのであった。彼らは奴隷として買い取った朝鮮人の首に縄をかけ、地獄の鬼のように杖で追い立てた。慶念が目撃した恐怖はこれだけではなかった。荷物を運搬して用済みとなった牛馬は皮をはがれて兵糧《ひょうろう》となったのである。この様子をみた慶念は「地獄は他所にあるのではない。目の前にある」と日記に記している。

明・朝鮮の連合軍がこの蔚山を包囲したのは同年の暮れのことであった。明・朝鮮軍はいくどとなく蔚山倭城に攻撃をかけたが、倭城の石垣は縦に削りとるように築かれており、容易に陥ちるものではなかった。それでも明・朝鮮軍の包囲はつづき、そのうちに籠城する倭軍の兵糧と水が欠乏するようになった。とくに水の欠乏は深刻であった。この倭城には井戸がなかったのである。そのために雑役夫は城外の水場へ水汲みに行くが、それも明・朝鮮軍におさえられ、城内の倭軍は雨水をすすってしのぐ有様となった。このため、明・朝鮮軍に投降する倭兵が続出するようになった。一方、明・朝鮮軍の側も兵糧不足となり、兵士は飢えと寒さのため、戦闘意欲を失っていた。

このような事態が進行するなかで、明の司令官が「清正が降伏すれば、城中の倭兵を助ける」と和議の誘いをかけた。その使者はもと清正の家臣であり、かつて朝鮮側に投降した降倭岡本越後守(沙也可と思われる)であった。この頃、倭軍は水と兵糧不足に加え、鉄炮の玉薬も底をつき、戦闘能力も低下しており、清正は和議に応じようとした。しかし、浅野幸長《よしなが》らがこれをおしとどめ、清正は明軍の誘いには乗らなかった。ところがこの時、毛利秀元・黒田長政らの救援軍が明軍の背後に迫っており、翌九八年正月に明・朝鮮軍は撤退した(蔚山の籠城)。ここに地獄のような蔚山籠城はピリオドを打ったが、この籠城戦は日本・明・朝鮮三国にさまざまな波紋を広げた。

蔚山の籠城にみられたような明・朝鮮軍の攻勢を考慮し、朝鮮に在陣する諸大名の間では、蔚山の放棄など戦線縮小論が出た。これは秀吉の逆鱗《げきりん》に触れ、秀吉はこの提案を言語道断として却下し、蜂須賀家政や黒田長政らは臆病者ときめつけられた。

一方、蔚山から撤退する明兵は暴徒と化し、撤退する地域の村々から財物を奪い、婦女を犯すなどの暴虐をほしいままにした。そのうえ、蔚山倭城の包囲に失敗したのは、朝鮮軍の中に倭軍救出に手を貸したものがいたことによるとして、その責任を朝鮮軍に転嫁したのである。そのかたわら、明の司令官は蔚山の戦いは勝利したと、明皇帝に偽りの報告をした。やがてその偽りは明らかとなり、司令官は更迭された。

また、朝鮮側ではつぎのような明軍内部から皇帝への告げ口が問題を起こした。それは、①明の司令官が朝鮮国王と腹をあわせて、自分の功績を皇帝に報告させようとし、国王がそれに協力したこと、②朝鮮の指揮官の中には作戦の失敗から多くの兵や武器を失ったものがいたが、国王は明の司令官とはかって、彼らを処罰せず、そのまま重職につけていたこと、などであった。これに対し、朝鮮側は明に弁明の使節を派遣したが、告げ口をした明将の妨害にあって失敗した。朝鮮内部では、このような重要事は行政の最高責任者である領議政が弁明に行くべきであったとの声が高まり、ときの領議政柳成龍は政敵の弾劾をうけて罷免《ひめん》となった。

秀吉の死と倭軍の撤退

一五九八（慶長三）年八月十八日、秀吉は波乱に満ちたその生涯を閉じた。ここで豊臣五大老・五奉行は朝鮮の在陣の倭軍を撤退させることとした。この指示を伝えるため、徳永寿昌と宮木豊盛が使者として朝鮮に渡った。二人の使者

●──**醍醐の花見図**　秀吉は1598(慶長３)年３月15日京都醍醐寺三宝院で花見の宴を催した。同年８月に没したので、これが秀吉最後の歓楽となった。

は諸大名に秀吉の死去と五大老・五奉行の指示を伝えた。その指示とは、朝鮮側と和平を結んで撤兵すること、その和平の条件として、朝鮮王子を人質とし、朝鮮から米・虎皮・豹皮・薬種・清蜜を調物として日本へ出させることというものであった。撤退にも名分を必要としたのである。

ところが秀吉死去の風聞はすでに朝鮮側に伝わっており、明・朝鮮軍は撤退する倭軍追撃に戦略を転換したのであった。明軍は全軍を東路(提督麻貴)・中路(提督董一元)・西路(提督劉綎)・水路(都督陳璘)の四軍に編成した。そして最初のねらいを慶尚南道泗川《サチョン》に居を構える島津勢に定めた。

南原の戦いのあと、島津勢は全羅道全域に侵攻し、その年(一五九七年・宣祖三十年)十月に泗川をあらたな拠点とした。泗川倭城が完成したのはその年の暮れである。

九八年九月末、中路提督董一元の率いる明・朝鮮連合軍が泗川に迫った。連合軍は島津家家臣川上忠実の拠る泗川旧城を攻め、忠実は旧城を脱出した。この脱出は島津氏の策略であった。十月一日、余勢を駆った連合軍は泗川倭城に迫った。島津勢はこれを城下に引きつけ、鉄炮で撃退した。蔚山倭城の場合は

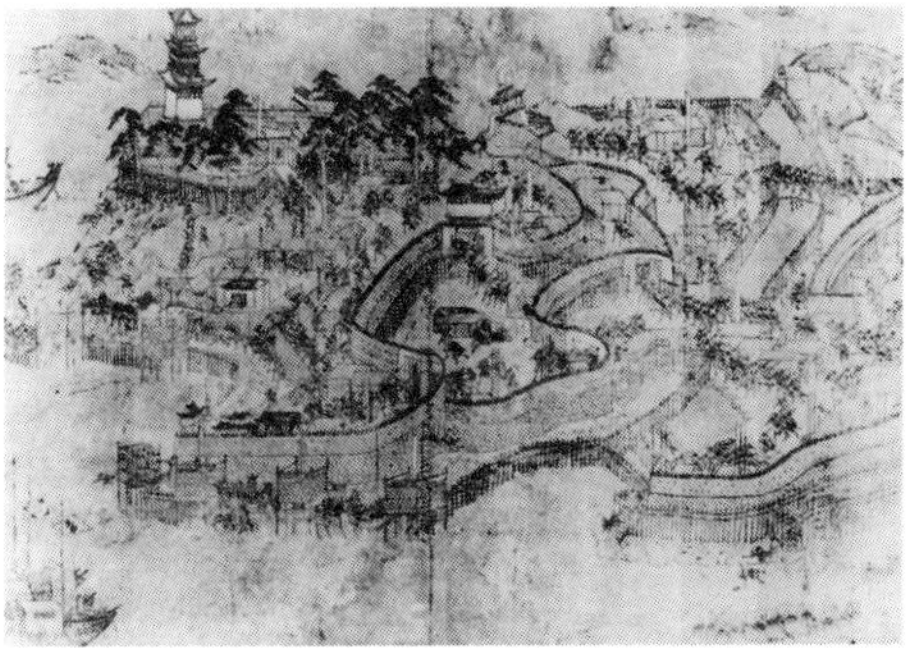

●—順天倭城の攻防図　この絵巻は明の従軍絵師が描いたものとされている。その跋文に「征倭紀功図巻」と題されており、作者は「蔣子成、宜興人」とある。現在、この絵巻の所蔵者は不詳。これはかつて『週刊サンケイ』一五三三号（一九七九年四月二十六日）にも、コロンビア大学のレッドヤード教授の解説付きで紹介された。

普請なかばであったが、泗川倭城は鉄炮隊の戦術にみあった城郭普請が完了していたのである。

島津氏の「於朝鮮国泗川表討取首注文」によれば、討ち取った首は三万八七一七級とある。九九年六月、島津義弘・忠恒が高野山に建てた「為高麗国在陣之間敵味方闘死軍兵皆令入仏道也」と銘のある朝鮮陣戦没供養碑によると、「泗川表大明人八万余兵撃亡畢」とある。これは泗川の戦いのさいの捕虜が明軍の兵糧八万人分と供述したことから、討ち果たした明兵八万人として誇張したものである。

泗川の戦いの勝利は、漆川梁《チルチョンリャン》の海戦・南原《ナムウォン》の戦い、そしてこのあとの露梁《ノリャン》津《ジン》の海戦とともに、島津家の功名として、のちにまとめられた「征韓録」に誇り高く叙述されるものとなるが、朝鮮撤退が日程にのぼっているとき、領国の総力をあげて参戦した島津氏にとっては、戦功をあげた島津家の誇示が何よりも重要なことだったのである。

一方、全羅南道順天の倭城には小西行長・松浦鎮信・有馬晴信・五島玄雅・大村喜前らの諸大名が在陣していた。秀吉死去の報をうけた彼らは撤退の準備

▼昌善島　慶尚南道南海県昌善面。泗川湾を出たところ、南海島の東北に近接した島。

▼鼓噪　太鼓をうち鬨《とき》の声をあげる。

にかかっていた。順天に在陣していた行長らは、九八年十一月半ばに、泗川倭城を引き払う島津勢と昌善島《チャンソンド》▲で合流する約束になっていた。その矢先の十月初旬、明・朝鮮軍が行長らを包囲し、順天倭城をめぐる攻防戦が始まった。明軍は西路提督劉綎、水軍都督陳璘、朝鮮軍は都元帥権慄の率いる陸軍と統制使李舜臣の率いる水軍であった。

十月二日、明・朝鮮連合軍は順天倭城を水陸から挟撃した。しかし、倭軍の銃撃が激しく、多くの戦死者を出した。この時、劉綎はすでに戦意を喪失しており、配下の陸兵に号令を出さなかった。もっとも、これより先、行長は劉綎に賄賂を贈り、劉綎との間に、この事態を和議によって解決しようと話をすすめていたのであった。このため、陳璘の水軍も退却を余儀なくされた。倭軍は浮き足立った明軍を追撃し、飛楼・砲車など、明軍の武器を焼いた。ここで劉綎と陳璘は、翌日、倭軍に夜襲をかけることを約束する。

翌三日の夜、明・朝鮮水軍は麗水海峡に結集した。陳璘は潮流を利用して倭軍を攻めたが、劉綎はただ鼓噪《こそう》▲するのみで挟撃しようとはしなかった。劉綎の陸兵がすでに順天倭城に入ったものと思い込んでいる陳璘の水軍は、争って城

●──順天倭城天守台跡

に登り戦闘を繰り広げた。しかし、夜遅く、潮流は引潮となり、明の兵船二十余艘と朝鮮の兵船七艘ほどが浅瀬に乗りあげて動きがとれなくなってしまった。倭軍はこれに集中攻撃を加えたため、明兵も朝鮮兵もわずかのものしか生還できなかった。その翌日、陳璘は劉綎の戦意喪失と約束違反に激怒して、これを責めた。かくして攻防戦はこのあと数日続くが、明・朝鮮軍は戦闘を中止することとなった(順天の戦い)。

順天の攻防戦を切り抜けたものの、行長らは順天倭城に包囲されたままであった。ここで行長は一策を案じて、劉綎の場合と同じように陳璘に賄賂を贈った。賄賂の誘いは陳璘を通じて李舜臣にもかかるが、舜臣はこれを断わった。ともあれ、陳璘への賄賂により、行長は昌善島に待機する島津氏のもとへ救援を求める船を出すことができたのである。

これを知って驚いた李舜臣は、事態がここに至っては、①順天倭城の倭軍を撤退させるために、島津らの倭軍の救援があること、②順天を包囲した形で救援軍に対処すれば、腹背に敵を受けることとなるため、外洋に兵船を移して決戦すべきであり、③救援する倭軍をまず退けて、行長らの帰路を断つべきであるとする軍官宋希立の進言を受けて出撃を決意し、それを陳璘に伝えた。

十一月半ばの夜半、島津らの倭船が露梁津の海峡に至った。ここで明・朝鮮の水軍は左右から砲撃を加えた。ここに露梁津の海戦が始まる。激戦のさなか、流れ弾が李舜臣の左腋に当たった。舜臣は部下に「今、激戦の最中である。自分の死を知らせては成らぬ。防牌で自分を隠せ」と命じ、息絶えた。

この海戦の間隙をぬって、行長らは順天からの脱出に成功した。一方、行長らを救援した倭軍は多数の兵船を損失し、多くの死傷者を出し、南海へ引きあげた。

露梁津の海戦は壬辰・丁酉倭乱における、倭軍と明・朝鮮軍との最後の決戦であった。この月の末には加藤清正・鍋島直茂・黒田長政らは帰国しており、島津勢も十一月末、巨済島を離れて対馬へ向かった。これが倭軍最後の撤退となった。

⑥―戦後処理と日朝国交回復

宗氏の立場と徳川家康の意図

倭軍が朝鮮から撤退した翌一五九九(慶長四)年、徳川家康は宗義智に朝鮮との和議交渉を命じた。家康は朝鮮との国交を回復し、さらに明との通交をも復活しようと考えていたのである。また、宗氏とすれば、対馬の生計を立て直すためにも、朝鮮との通交関係の修復は望むところであった。

家康は宗氏をつうじ、朝鮮侵略のさい連行した朝鮮人捕虜を送還し、国交回復交渉をすすめた。一六〇三年十一月、家康は宗義智と景轍玄蘇に、薩摩に捕らわれていた捕虜金光らに講和通交の事を諭して朝鮮に帰らせ、そのさい朝鮮人捕虜数百を送還して誠意を示したのである。

僧惟政の来日と国交回復の条件

この結果、翌一六〇四(慶長九・宣祖三十七)年七月、朝鮮側は宗義智の要求を容れ、対馬島民の釜山浦における貿易を許した。同年十二月、宗義智は幕府の命令により、日本の国情を探るため対馬に来た僧惟政と孫文彧《ソンブンイク》を率いて京都に上った。そして、一六〇五年三月、家康は僧惟政と孫文彧を伏見城に引見して、側近本多正信と五山高僧西笑承兌《せいしょうじょうたい》に、惟政らと和議を協議させたのである。

この西笑承兌はかつて秀吉の外交ブレーンであり、一五九〇(天正十八)年、朝鮮国王に「征明嚮導」を命じた秀吉の国書を起草するなど、秀吉の野望を積極的に支えていたが、家康が実権を握るや、家康の意向に従って朝鮮との国交をまとめるという、いわば政治的才能にたけた人物である。惟政はその人物を相手として交渉を行ったのである。

宗氏の国書偽造と朝鮮通信使のはじまり

外交折衝の結果、一六〇六(慶長十一・宣祖三十九)年七月、朝鮮礼曹は宗義智に国交回復の前提条件として、つぎの二点を提示した。第一は、家康から朝鮮に国交を求める国書を送ることであり、その第二は倭乱のさい、犯陵《はんりょう》した賊を縛送《ばくそう》することであった。

ここで宗氏は悩んだ。かつて秀吉が朝鮮を服属させよと命令した時に、秀吉と朝鮮の板挟みとなったように。そこで宗氏のとった対策はつぎのようなものであった。すなわち、家康から国書を送ることは、日本側から頭を下げて和を請うことを意味する。このため、宗氏は家康の国書を偽造した。それは国書の書面に明の年号を使用し、家康そのものを「日本国王」(「日本国源家康」を「日本国王」と変える)と称することであった。つぎに犯陵した賊については、「麻古沙九」「麻多化之」なるものを犯人にでっち上げた。これによって、当面の事態は切り抜けたのである。

一六〇七年五月、朝鮮から呂祐吉・慶暹・丁好寛の三使が回答兼刷還使《さっかんし》として江戸城に登城し、将軍秀忠に拝謁して、国書(家康の「国書」への回答)および進物を呈したのである。これが江戸時代における最初の朝鮮通信使であり、以後、通信使は一八一一(文化八)年まで続いたのである。

●—写真所蔵・提供者一覧(敬称略,五十音順)

(財)秋月郷土館　p. 82
大阪城天守閣　p. 3
大阪歴史博物館　p. 73
神戸市立博物館　p. 5上
国立歴史民俗博物館　p. 93
佐賀県立名護屋城博物館　カバー裏, p. 13, p. 45
佐藤英世　p. 85
『四溟堂記念学術会議資料集』　p. 41
大韓民国陸軍士官学校陸軍博物館　カバー表
東京大学史料編纂所　p. 5下
福岡市博物館　扉
(財)前田育徳会　p. 21
著者　p. 35, p. 42, p. 54, p. 63, p. 87, p. 97

製図：曾根田栄夫

⑤―丁酉倭乱(第二次朝鮮侵略)と侵略の終焉

「島津家文書」「脇坂記」「朝鮮王朝宣祖実録」「朝鮮王朝宣祖修正実録」「懲毖録」「乱中日記」「壬辰録」「乱中雑録」「再造藩邦志」「明神宗実録」「明史」「両国壬辰実記」「面高連長坊高麗日記」「高山公実録」「薩藩旧記雑録」「大河内秀元朝鮮日記」「朝鮮日々記」「鹿苑日録」「黒田家譜　朝鮮陣記」「両朝平攘録」「高山公実録」「浅野家文書」「征韓録」「宇都宮高麗帰陣物語」「大重平六覚書」『鹿児島県史』

●—各章の典拠文書

①—関白秀吉、海外制覇の野望を抱く

「伊予小松一柳文書」「妙満寺文書」「九州御動座記」「宗家文書」「本願寺文書」「朝鮮陣記」「懲毖録」「朝鮮王朝宣祖実録」「朝鮮王朝宣祖修正実録」「続善隣国宝記」「朝鮮通交大紀」「小早川家文書」「相良家文書」「吉川家文書」「黒田家譜　朝鮮陣記」「菊亭家記録」「平塚瀧俊書状」「浅野家文書」

②—壬辰倭乱(第一次朝鮮侵略)の勃発

「毛利家文書」「西征日記」「韓陣文書」「加藤文書」「吉野甚五左衛門覚書」「朝鮮王朝宣祖修正実録」「懲毖録」「前田尊経閣文庫所蔵文書」「組屋文書」「高麗国八州之石納覚之事」『土佐国蠹簡集』「壬辰日録」「高麗日記」「朝鮮陣記」「朝鮮王朝宣祖実録」「泰長院文書」「朝鮮国租税牒」「黒田長政記」「黒田家譜　朝鮮陣記」「行年日記」「壬辰録」「新増東国輿地勝覧」「厳島文書」「吉見元頼朝鮮日記」「乱中雑録」

③—朝鮮民族の反撃と明の救援

「壬辰日録」「乱中雑録」「朝鮮王朝宣祖実録」「朝鮮王朝宣祖修正実録」「壬辰録」「聞韶漫録」「懲毖録」「東湖集壬辰録」「海東名将伝」「鍋島直茂譜考補」「九鬼文書」「乱中日記」「壬辰状草」「事大文軌」「脇坂記」「脇坂文書」「高麗船戦記」「高山公実録」「宗家朝鮮陣文書」「明神宗実録」「明史」「両朝平攘録」「朝鮮陣記」「梨羽紹幽物語」「黒田家譜　朝鮮陣記」「吉川家譜」「吉見元頼朝鮮日記」「新増東国輿地勝覧」「高麗日記」「立花朝鮮記」「加藤光泰・貞泰軍功記」

④—日明講和交渉とその破綻

「事大文軌」「朝鮮王朝宣祖実録」「朝鮮王朝宣祖修正実録」「懲毖録」「両朝平攘録」「鍋島直茂譜考補」「金井文書」「黒田家譜　朝鮮陣記」「時慶卿記」「南禅旧記」「大和田重清日記」「島津家文書」「鍋島家文書」「毛利家文書」「伊達家文書」「清正高麗陣覚書」「乱中雑録」「壬辰録」「吉川家文書」「明神宗実録」「明史」「経略復国要編」「日本往還日記」「朝鮮陣記」「義演准后日記」「舜旧記」「武家事紀」「大阪市立博物館所蔵文書」「東槎録」

年
琴秉洞『耳塚』二月社, 1978年

義兵に関するもの

貫井正之『秀吉と戦った朝鮮武将』六興出版, 1922年
貫井正之『豊臣政権の海外侵略と朝鮮義兵研究』青木書店, 1996年

●──参考文献

全体に関するもの

池内宏『文禄慶長の役　正編第一』南満州鉄道, 1914年(のち吉川弘文館より復刊)

徳富猪一郎『近世日本国民史　朝鮮役』全3巻, 民友社, 1921年

参謀本部『日本戦史　朝鮮役』偕行社, 1924年

田中義成『豊臣時代史』明治書院, 1925年

池内宏『文禄慶長の役　別編第一』東洋文庫, 1936年(のち吉川弘文館より復刊)

京口元吉『秀吉の朝鮮経略』白揚社, 1939年

鈴木良一『豊臣秀吉』岩波書店, 1954年

中村栄孝『日鮮関係史の研究』吉川弘文館, 1969年

藤木久志『日本の歴史15　織田・豊臣政権』小学館, 1975年

北島万次『朝鮮日々記・高麗日記――秀吉の朝鮮侵略とその歴史的告発』そしえて, 1982年

藤木久志『豊臣平和令と戦国社会』東京大学出版会, 1985年

朝尾直弘『大系日本の歴史8　天下統一』小学館, 1988年

北島万次『豊臣秀吉の朝鮮侵略』吉川弘文館, 1995年

北島万次『壬辰倭乱と秀吉・島津・李舜臣』校倉書房, 2002年

戦闘・武器に関するもの

有馬成甫『朝鮮役水軍史』空と海社, 1942年

李烱錫『壬辰戦乱史』東洋図書出版, 1977年

宇田川武久『東アジア兵器交流史の研究』吉川弘文館, 1993年

交通に関するもの

新城常三『戦国時代の交通』畝傍書房, 1943年

商人に関するもの

田中健夫『島井宗室』吉川弘文館, 1961年

捕虜・鼻切りに関するもの

内藤雋輔『文禄・慶長の役における被擄人の研究』東京大学出版会, 1976

日本史リブレット34

秀吉《ひでよし》の朝鮮侵略《ちょうせんしんりゃく》

2002年7月25日　1版1刷　発行
2024年12月20日　1版7刷　発行

著者：北島万次《きたじままんじ》

発行者：野澤武史

発行所：株式会社 山川出版社

〒101－0047　東京都千代田区内神田1－13－13
電話　03(3293)8131(営業)
　　　03(3293)8135(編集)
https://www.yamakawa.co.jp/

印刷所：信毎書籍印刷株式会社

製本所：株式会社 ブロケード

装幀：菊地信義

ISBN 978-4-634-54340-9

日本史リブレット　第Ⅰ期［68巻］・第Ⅱ期［33巻］　全101巻

1 旧石器時代の社会と文化
2 縄文の豊かさと限界
3 弥生の村
4 古墳とその時代
5 大王と地方豪族
6 藤原京の形成
7 古代都市平城京の世界
8 古代の地方官衙と社会
9 漢字文化の成り立ちと展開
10 平安京の暮らしと行政
11 蝦夷の地と古代国家
12 受領と地方社会
13 出雲国風土記と古代遺跡
14 東アジア世界と古代の日本
15 地下から出土した文字
16 古代・中世の女性と仏教
17 古代寺院の成立と展開
18 都市平泉の遺産
19 中世に国家はあったか
20 中世の家と性
21 武家の古都、鎌倉
22 中世の天皇観
23 環境歴史学とはなにか
24 武士と荘園支配
25 中世のみちと都市
26 戦国時代、村と町のかたち
27 破産者たちの中世
28 境界をまたぐ人びと
29 石造物が語る中世職能集団
30 中世の日記の世界
31 板碑と石塔の祈り
32 中世の神と仏
33 中世社会と現代
34 秀吉の朝鮮侵略
35 町屋と町並み
36 江戸幕府と朝廷
37 キリシタン禁制と民衆の宗教
38 慶安の触書は出されたか
39 近世村人のライフサイクル
40 都市大坂と非人
41 対馬からみた日朝関係
42 琉球の王権とグスク
43 琉球と日本・中国
44 描かれた近世都市
45 武家奉公人と労働社会
46 天文方と陰陽道
47 海の道、川の道
48 近世の三大改革
49 八州廻りと博徒
50 アイヌ民族の軌跡
51 錦絵を読む
52 草山の語る近世
53 21世紀の「江戸」
54 近代歌謡の軌跡
55 日本近代漫画の誕生
56 海を渡った日本人
57 近代日本とアイヌ社会
58 スポーツと政治
59 近代化の旗手、鉄道
60 情報化と国家・企業
61 民衆宗教と国家神道
62 日本社会保険の成立
63 歴史としての環境問題
64 近代日本の海外学術調査
65 戦争と知識人
66 現代日本と沖縄
67 新安保体制下の日米関係
68 戦後補償から考える日本とアジア
69 遺跡からみた古代の駅家
70 古代の日本と加耶
71 飛鳥の宮と寺
72 古代東国の石碑
73 律令制とはなにか
74 正倉院宝物の世界
75 日宋貿易と「硫黄の道」
76 荘園絵図が語る古代・中世
77 対馬と海峡の中世史
78 中世の書物と学問
79 史料としての猫絵
80 寺社と芸能の中世
81 一揆の世界と法
82 戦国時代の天皇
83 日本史のなかの戦国時代
84 兵と農の分離
85 江戸時代のお触れ
86 江戸時代の神社
87 大名屋敷と江戸遺跡
88 近世商人と市場
89 近世鉱山をささえた人びと
90 「資源繁殖の時代」と日本の漁業
91 江戸の浄瑠璃文化
92 江戸時代の老いと看取り
93 近世の淀川治水
94 日本民俗学の開拓者たち
95 軍用地と都市・民衆
96 感染症の近代史
97 陵墓と文化財の近代
98 徳富蘇峰と大日本言論報国会
99 労働力動員と強制連行
100 科学技術政策
101 占領・復興期の日米関係